張翊著

紉愚隨筆

文學叢刊之六十九

文史哲出版社印行

國家圖書館出版品預行編目資料

幼愚隨筆 / 張翊著. -- 初版. -- 臺北市 : 文史哲, 民 86
面 : 公分. –(文學叢刊 ; 69)
ISBN 957-549-100-9(平裝)

855.86

文學叢刊 ㊾

幼愚隨筆

著者：張翊
出版者：文史哲出版社
登記證字號：行政院新聞局版臺業字五三三七號
發行人：彭正雄
發行所：文史哲出版社
印刷者：文史哲出版社
臺北市羅斯福路一段七十二巷四號
郵政劃撥帳號：一六一八〇一七五
電話 886-2-23511028・傳眞 886-2-23965656

實價新臺幣三二〇元

中華民國八十六年十月初版

ISBN 957-549-100-9

自序

自從離開學校，踏入社會以來，工作之餘，我也不免提起筆來，「舞文弄墨」一番，其實我既不「文」，也不善「舞」，祇不過是「塗塗擦擦」，抒發一下胸中的情感而已。

我得感謝上蒼，雖然已行年八十，近來自覺體力減退，大不如前。但一般說來，身子骨還算硬朗，還能提筆構思，寫點什麼的，天老爺對我，可謂厚矣。

我也要感謝內子唐文德女士，她操持家務，從不要我半點分勞，使我得有餘裕來「塗塗擦擦」。今年是我們金婚之年，對她五十年來的辛勤照料，在此要大聲向她說：「謝謝妳，老伴。」

文史哲出版社發行人彭正雄先生爲我刊行這本集子，在此也敬表謝意。

孫翔

八十六年十月八日

幼愚隨筆 目次

論述

雜記

老年安養問題

據統計：到西元二〇二五年，全世界六十歲以上的人數，將由目前的四億增爲十一億。在已開發國家中（屆時臺灣當早已進入已開發之林矣！），六十歲以上的人所佔比率，將由目前之百分之十六，升爲百分之二十四。

由於老人日益增多，老人問題，也隨之而來，其中影響最大的是老人的安養問題。近幾年來，臺灣追隨歐美之後，已出現了好幾處老人院等的機構，有的設備不差，飲食康樂，乃至醫護復健，應有盡有，十分舒適。

但有了舒適的物質生活，對老人而言，是否即已「足夠」？甚至這種老人進養老院的安排，對老人乃至對整個社會而言，是否是一最佳的方式!?

老人與兒孫在一個屋頂下同居，以家庭爲生活中心，不僅可使老人獲得「含貽弄孫」的樂趣，更可使全家人得享「天倫之樂」。中年人終日謀生，無暇全心顧及幼年子女之教養，此一缺陷，正好由經驗豐富的老年人來彌補。俗話說：「家有老，是一寶」，人類生活上的一些古老傳統，也可以因此而易于傳承，平添日後的佳話，子孫的回憶。讀李密之陳情表而不感動流淚者，未之有也！如果將老祖母送入老人院，這篇感人肺腑的千古名著，是怎麼也無由產生了！

報載歐美各國也已發覺到老人院的制度，並非最佳，而有改弦易轍之意。我們更欣聞新加坡已著手研擬如何改進公寓式房屋之間隔，以適合三代同堂。我們願樂觀其成，更願其能推行及於各處。

我們主張老人應以家庭生活爲中心，但也不反對小規模地舉辦安老院，以適應一些家庭情形特殊的老人的需要。

七十五年一月十五日會訊二十九期

找回黨員的心請先找回主席的心

李主席日前指示黨務主管：「不但要把黨員找回來，更重要的是把黨員的心找回來」。眞是一針見血。

黨員的心，怎樣會失去？又如何找回來？

今日國民黨的理想何在，目標爲何，不僅老百姓搞不清楚，就連黨員也搞不清楚，國民黨的理想和目標已變得模模糊糊。而呈現得清清楚楚的，卻是大夥兒彰明較著的爭位子，爭權奪利。每次選舉，銀彈與子彈齊飛，飲宴共請託並作；社會多一次紛擾，也多一次動盪。難道我們主席所到處自吹自捧的「政治奇蹟」、「主權在民」，便是如此？所謂「民意」，也是如此？

國民黨另一標榜的政策——務實外交，其具體內容，到今天似乎仍不易弄得清楚。「從臺灣來的李總統」、「李教授」或「民之所欲、長在我心」就是「務實外交」嗎？果如是，它有何效益呢？它提高了臺灣的「能見度」嗎？

再說，蔣總裁與蔣主席，高喊「反共」，反了幾十年，對岸並無激烈反應，臺海平靜無波，臺灣得以生聚教訓，打下堅實和繁榮的基礎。而今不戡亂了，反而爲了一趟旅行，一篇不知有何實益的演講，竟而導致劍拔弩張，興起臺海風雲，幾將臺灣帶至危險邊緣，社會因之動盪不安，移民者日衆，這值得嗎？然而主政者卻說：國軍兵力強大，不怕中共亂放槍。又說：要移民的就快移。如此這般，卻全不想想人們爲何要拋棄家園，遠避異邦？這像是高喊「民意」，高唱「主權在民」、「民之所欲，長在我心」的同一人所說的嗎？眞令人難以置信。

再則，民無信不立，一個小老百姓，尙且如此，何況黨的主席，國家的元首。記憶中數年前報紙曾刊載祇做一任，退任後將作牧師傳道之說，當時此一風度，著實令人欽敬。而今執意競選，如此一百八十度的轉變，自食其言，又著實令人驚嘆！

前不久就在主席宣布參選後，無意間在電視上看到一小段（我祇看了一小段，便轉台了）主席的競選錄影帶，所錄的話，眞是「冠冕堂皇」，聽來「絲絲入扣」。講話開始前似是還有總理、總裁和經國先生的遺像作背景，這種景象，漪歟盛哉、眞個是「久違了」。主席似還提到經國先生對他的提拔，看到這個「場面」，你能說它不是「國民黨」嗎？不是正統的「中國國民黨」嗎？

可是，回過頭來，再看看他與司馬遼太郎的對話，你能相信這是同一個人所說的嗎？你能相信這是中國國民黨主席、中華民國的總統所說的嗎？

對於這樣一位善變的主席、善變的總統，難怪司馬恭維他說：「……你眞能掌握政治的秘訣……連『粘糊糊的』政治謀略也運用自如。」李則答道：「因爲我從小就很敏銳的呀！我總是在思考該如何內斂。……」

一位十分敏銳、深沈內斂、而又不守所言、性格善變、深諳政治謀略的人，他說的話，能相信嗎？面對這樣一位主席、一位最高領導人，難怪黨員的心會失去，而有待找回了。

要找回黨員的心，必須先找回主席的心。可是，主席的心，找得回來嗎？誰去找呢？

八十四年十月二日自立早報七版言論天地

各國郵政組織之比較研究

郵驛之制，雖導源甚古，但新式郵政之創始，則不過近百年間事，世界第一枚郵票—英國之黑辨士票，發行於一八四〇年，爲萬國郵政聯盟奠基之伯爾尼條約（The Treaty of Bern）成立於一八七四年。我國郵傳設置，雖可遠溯及於姬周，但現代郵政之正式成立，則在光緒二十二年，而一切組織制度，則多效法西歐。茲値中華郵政六十週年，爰就各國郵政組織，予以擷述，或不無可資參考之處。

郵政組織之範疇，有廣狹二義。自狹義言：僅指郵務行政方面之組織；自廣義言：則舉凡一切業務方面、人事方面、運輸方面、財務方面等等之組織，似均應包括在內。本篇擬先就牽涉郵政組織之若干重要問題，各別予以研討：其一爲郵政國營問題，其二爲郵電分合營問題，其三爲政府賦予郵政權力之研究。而後再及於目前主要國家郵政組織之概況。

一、郵政國營問題

郵政與電信，同屬公用通訊事業，惟電信經營，各國尚有委之私人者，如美國，如戰後之日本，至於郵政國營，並世各國，殆無例外，考其原因，大抵有三：

其一爲歷史的：現代郵政，導源於古代傳驛，而古代傳驛之設，其初多基於軍事上之需要，而後再及於政令之傳送。例如我國秦代之馳道，以及郵亭郵置之設立。元代之驛制，其規模之宏大，至今猶傳爲美談。至於歐西，史載波斯侵略雅典時，希臘郵差菲第彼德於兩日之內，奔馳一百四十哩，求救於斯巴達。羅馬帝國武功甚盛，其郵驛之制，亦隨其戰爭與驛道，達於各國。爾後，郵驛復多爲皇室或封建諸侯所專用，此種發展軌跡，中外歷史，正復相同。斯時郵驛既專爲適應軍政而設，自係由官府掌理，其後雖由官用而擴及民用，不過就已有基礎，予以擴充而已！其間郵政之經營，雖間亦有私人組織，滲雜其間，但終不若政府經營之爲愈，而逐漸趨於淘汰，郵政國營，乃成爲必然之結果。

其二爲屬於事業之本質的：郵政與一般公用事業，其性質略有不同，例如自來水或電燈，其服務對象，限於某一城市或地區，郵政服務範圍，不僅遍及全國，郵政所至之處，且達於全世界。郵政又非如鐵路或航業，僅行駛於某一定之路線，郵政之普遍深入，雖窮鄉僻壤，亦莫不有郵政機構之設置。現代郵政，其業務種類，又非僅限於精神交通之信函，與物質交通之包裹，諸如儲金，滙兌以及各種代理業務，郵局亦莫不辦理。故郵政服務範圍，最爲廣泛，與公衆關係，最爲密切，其足以影響國民生活、社會繁榮者，亦至爲鉅大。正因其具有此種性質，自不宜委由私人經營，而以國家辦理爲宜。且郵政事業，至爲龐大，設備夥頤，亦非私人財力所克勝任，例如美國郵政，其僱用員工，即達五十萬人，紐約一地，即有郵政支局一百處，支加哥郵局，佔地二百三十萬方呎，地面九層，地下三層，直通郵局地面下專設之郵件月臺，爲支加哥車站之一部份，其地面最高層至地下二層，全部均用傳遞帶聯絡，紆迴曲折，長達二十五哩，此種規模極爲龐大之事業，自以由政府經營爲宜。

其三爲屬於國家職權的：自工業革命以來，經濟及工業，日趨發達，社會亦因之發生變化，國民生活，日益繁複，政府對於日形重要之經濟事業，不僅處於監督之地位，並進而直接參加，以謀國民利益之發展，政治一詞，不復含有管人之意義，而爲治理衆人之事。比利時管理專家哥比西埃（Corbisier）氏曾謂：「國家之各種活動可分爲二大類：其一爲對國民生活之最高指導及管理，其一爲對社會之服務，後者爲屬於商業及工業之各種活動，國家之辦理郵務，即其中之一。」法國社會法學派泰斗狄驥（Léon Duguit）氏亦曰：「一世紀以來，各文明國家之經濟與工業，均發生重大變遷，此種變遷，均足以增加治者階級之新生義務，人類間相互依賴，經濟利益上之聯帶關係，以及商業往來之數量，日增一日，益以道德觀念之照耀，各種新發明之層出不窮，及科學學說之鼓盪，在在增加國家負擔組織公務之義務，俾國家交通，得保持於永久。例如各國郵政電報之創設，均於公務中佔首要位置，此爲國家無論對內對外法律上應負責辦理之一種義務。」基於此種新的觀念，郵政國營，不僅爲國家行使其交通行政權之一，抑且爲對國民一種應盡之職責。

基於以上所述，郵政國營，益已成爲不易之論，然則各國現行之郵政國營制度，其組織及方法，是否完善無缺，而能靈活運用？此點吾人亦可引述哥比西埃氏之意見如下：

「郵政爲一公用事業機構，但與政府其他部門，受同一法令之管理，此種法令，對一般政府機關，雖甚適合，但對具有工商業性質之郵政事業，殊不相宜。自財務方面言：郵政須受預算法之控制，各項開支，以核准列入政府總預算者爲限，期限又限爲一年，此項預算，須經過層層核減，與郵政實際所需者，已大相逕庭。郵政收入，又須繳入國庫，事實上此項收入，爲郵政爲公衆服務之代價，何能與稅捐等量齊觀，全入國庫？自設備方面言：郵政添建局屋，須通過公共工程部，添購器材，有賴於中央供應局，層層束縛，徒增紛擾與不便。」

爲解除上述缺點，氏主張：「郵政應不同於政府其他部門，可自國家總預算中脫出，以免受其束縛，有如瑞士、德國、法國、荷蘭及葡萄牙等國所擬施行者……使（郵政）成爲一種法人，一方面接受政府之管理，他方面又能依照私人企業之組織及方法，以管理營運……郵政必能完成其使命，而不增加社會之負擔，在合理化及科學化之基礎上，保證其優良之服務……並改善其組織，使公衆獲得最大之利益。」

二、郵電分合營問題

我國郵電分合營之爭，論戰已久，大抵主合者以郵電同屬通訊事業，合併經營，可以節省管理費用，郵電同設一處，亦可以便利公衆。主分者則以郵電雖同屬通訊事業，但性質各不相同，合併經營，反不易管理；至於便利公衆一點，亦不在於是否合營，但須多設局所，即可達到便利之目的。我國郵電事業，自始即係分營，各有其特性與個性，如予合併，反多不便。二者究以何者爲是，筆者於此不欲有所論列，但將各國郵電分合情形，作一客觀之敍述及研討而已。

西歐各國，除比利時及北歐之瑞典、挪威外，餘如英、法、荷蘭、瑞士以及西班牙、葡萄牙等，均爲郵電合辦。

比利時之組織，與我國甚爲相似，郵電各有一總局，同隸於交通部。二者完全分辦。惟各地郵局，亦有代辦電信業務者。

英國郵電事業同隸於郵政大臣（Postmaster General），部內分設郵政處，國內電信處及國際電信處，各區局則分設郵政科及電信科，惟倫敦則郵電各設一區局，分別管理。各區局局長之下，共設有電話段段長五十七人，專理電話事務，另設主要郵局長四百七十人，兼理轄境郵政及電信。

法國郵電事務歸郵電部（Ministère des PTT）管轄，部內設郵政總局（Direction générale des postes）及電信總局（Direction générale des télécommunications）。各區區局則郵電分別設立，各置主管一人：其一爲區局局長，管理郵務、儲滙、人事、局屋、郵政運輸等事務；其一爲區總工程師，管理電報、電話等事務。區局之下，復有省局之設，其下設有視察員，視察各地郵電局務。

各地方則有郵電兼辦局，兼辦郵務局以及電報、電話局等之分。

荷蘭郵電同隸於運輸及工程部，其下設郵電總局（Direction des PTT），局長下分設郵、電兩處。全國共有主要郵局二百二十二處，其中六十一局兼營電報及電話，一百五十八局僅兼營電報。又郵站六百二十四處，其中五百零四處兼營電報及電話。

瑞士郵電屬郵電鐵道部（Département des postes et des chemins de fer）管轄，其下設郵電總局，局內分設郵政處及電信處，各地郵局，多數兼辦電報及電話。

至於美國，郵電係屬分辦，郵政事務，由郵政部掌管，電信則歸民營，而其決策機構，則爲聯邦交通委員會。

加拿大郵電亦係分營。

南美各國，如巴西，郵電係同隸於交通及公共工程部（Ministère des communications et des travaux public）之郵電總局，局內分設郵政處及電信處，各區則設郵電管理局，指揮並監督區內各郵電局。

日本戰前郵電係合辦，同隸於遞信省。大戰期間，遞信省與鐵道省合併為運輸通訊省，戰後，遞信省恢復，仍兼管郵政及電信。昭和二十四年（即民國三十八年）遞信省改組為郵政省及電氣通信省，郵電乃告分營，郵政省辦理郵政、滙兌、儲金、壽險、年金、卹金以及電信委託業務。昭和二十七年，郵政省設置法復經修訂，電信業務改歸民營，而由郵政省監督，並成立日本電信電話公社及國際電信電話株式會社，自明治初年以來之電信國營，至此遂告結束。郵政省內，設有電波監理局，郵政大臣官房之下，設有電氣通信監理官室，並於郵務局下，設有電氣通信業務課。各區則設有地方電波監理局，並於各區地方郵政局之內，設電氣通信業務課。

以上為各國郵電業務設置及組織概況，為簡明起見，特再表列如後：

郵電事業
- 由國家合併經營者：英、法、瑞、荷、西、葡、巴西
- 分別經營者：
  - 郵電同屬國營者：比利時
  - 郵政國營，電信民營，但仍由政府監督者：美、日

綜觀各國郵電組織情形，除電信交由民營者外，其他各國，不論其爲分營抑合營，大抵有一共通之原則，即：㈠決策機構，均屬合一，例如比利時之交通部，英國之郵政部，法國之郵電部是；㈡業務管理機構，則均屬分設，例如比、法之郵政總局及電信總局，英國之郵政處，國內電信處及國際電信處是；至於荷蘭、瑞士、巴西等國，郵電雖同隸於一總局，但於總局之下，仍各分立郵政處及電信處，不過由二級機構易爲三級機構而已；㈢營業處及工作場所則視業務繁簡而定，業務繁忙之地，則予分設，例如倫敦之郵電各設區局，法國之各區分設郵政及電信管理局以及專辦郵政或專辦電信之局是。其業務簡單者，則予合設或相互代辦。

上述情形，衡之一般管理通則，甚爲適合，蓋郵電同屬通訊事業，其指導方針，營運政策自不宜有所歧異；至於業務管理，基於此兩種業務性質之不同，自以分別辦理爲易於收效；

至若各地營業局處，其業務繁忙者，由於同一理由，仍以分設爲宜，以利發展，業務簡單之地，則不妨合設，以期撙節。

三、國家賦予郵政權力之研討

本節擬分二點就各國情形，予以敍述，其一爲郵政之專營權，其二爲調整郵政資費之權。

郵政之專營業務，亦即郵政之獨占業務，世界各國，對於信函明信片之運遞大抵爲郵政專營，至於其他業務，如包裹，儲金，滙兌等，則不在專營之列，信函業務之專營，各國亦有設有若干例外者：

美國郵政，對運送信函及有通訊性質之包件有專營權，惟下列二點爲例外：

㈠提貨單以及附於經由郵政運輸工具、火車及其他機動車輛運送之物件上之信件。

㈡裝於固封並貼足郵資之封套內之一束信件，封套上已寫明收件人姓名地址，以及手寫或用戳記蓋印之發信日期，經轉日期等，此項信件，可以不經由郵局，而由他人經轉、分送。惟郵政部長如認爲必要，可停止收寄此等封套。

英國郵政於信函及電報之傳送有專營權。任何人不得有償或無償運送未經郵政處理之函件及郵政包裹，惟下列三點爲例外：

㈠兼運旅客之郵件承運者，運送包裹，不受上述之限制。
㈡不兼運旅客之郵件承運者，以及車夫旱差等，可為醫生帶送少量藥品與病人。
㈢經郵局許可，可代報館運送當日報紙或超過郵局包裹規定重量之成綑報紙至其分銷處。
上述例外三點，郵政大臣如認為有濫用或妨害郵務時，可以隨時終止。
加拿大郵政於信函及具有信函形式之傳單等有專營權。
法國郵政有專營權之業務為：
㈠政府公書之遞送。但⑴稅局寄交納稅人之納稅通知及⑵海關關員執行指定任務時交寄之公文書不在此限。
㈡封口或未封口之手寫信函。但有下列數點例外：
1. 訴訟文書檔卷。
2. 附於商品之發票。
3. 運送業者之業務通訊以及運價表等。
4. 製造廠商間經由鐵路寄送之附於織品上之說明，其上註有號碼，織品性質及使用方法等。
比利時郵政之專營業務有三：

㈠封口或未封口之信函。

㈡郵政明信片。

㈢書有收件人地址之傳單、小冊、價格表以及各種性質之通知等。

但下列各點，不在此限。

㈠經政府許可之其他公共機關遞送之信函。

㈡爲本身事務而特別遞送之信函。

㈢投送商品時必須隨附之未封口之說明等文件。

㈣鐵路及其他公共運輸機構散發之有關其業務之文件。

瑞士郵政之專營業務爲運遞信函、明信片以及不逾五公斤之其他封口郵件。又除聯邦法律另有規定外，旅客之經常運送，亦由郵政專營。惟⑴同一寄件人寄交同一收件人，內容或形式相同，因而彙總交寄之信件，如總重超過五公斤時，可由鐵路或其他運輸機構運送。⑵鐵路或其他運輸機關內部事務來往信件，可由各該業人員自行運送。

荷蘭郵政於信函業務有專營權，惟下列各點不在其內：

㈠超過五百公分之信函。

㈡在當地郵局地區之內，正向該局運送投郵之信函。

㈢附於運輸物品上之信函。

西班牙郵政專營業務爲信函及明信片。

挪威郵政對於寄往國內及國外之手寫以及印刷而附有手寫之通訊文件之經常寄遞，爲郵政專營之業務。

日本郵政法規定政府對郵政有專營權，無論何人，不得以運送信函爲職業。

以上爲各國關於郵政專營業務之概況，我國郵政法規定信函及明信片以及掛號快遞等郵件之遞送，除郵政機關外，他人不得經營，但運送機關或運送業者，附送與貨物有關之通知，不受此限，與各國情形，亦相類似。

關於調整郵件資費之權，茲將各國情形，分述如次：

英國郵資調整之權在財政大臣。財政大臣觀察郵政經濟狀況，倘認爲需要，可根據郵政法令，決定調整郵資辦法，會同郵政部長，頒佈更改郵資之法令，於實行前數日，提交國會，因國會對於此項法令，以前向不付諸辯論，故過去更改郵資，多係先實行更改，然後由國會予以通過，復因議會之多數黨亦即執政黨，故不致反對，而反對黨人數不多，即反對亦不發生決定作用。

美國郵費製訂之權在國會，郵資調整，須經國會通過，郵局不能更易，惟此項辦法，彼邦人士，多有訾議，年前美郵政部次長Charles R. Hook, Jr.即曾表示郵資之製訂，最好由國會訂定一公式，嗣後郵資之調整，即由行政部門，特設一委員會，按照公式計算，不必逐案送由國會討論。蓋以美國郵政，歷年虧損甚鉅，最高曾達平均每日二百萬元，郵資之未能合理調整，要亦其主因之一也。

法國郵資訂定之權，原在國會，其後因物價多有波動，郵政業務費用，隨之增高，調整郵資，須經過立法程序，至爲緩慢，不能適應事實需要，故於一九三八年四月十三日國會通過一法案，授權總統根據內閣總理，郵電部長及財政部長之建議，以命令調整資費，自此以後，郵電資費之調整，即不經過立法程序，法前郵政總局局長勒莫爾（Le Mouel）氏曾謂法郵資費，如須調整，當夕決定，翌晨可付實施，雖係自誇之語，但運用快捷，當無疑問。

比利時釐訂郵費之權，屬於行政機關，郵政法中有明文規定，故歷次調整郵資，均不經立法程序，但事實上比政府對於調整郵資，極爲愼重，戰後比國一般物價上漲甚多，而郵資則增加甚少，此固爲郵政虧損原因，但亦可證訂定郵資之權，雖屬於行政機關，亦尙未見有濫用之弊，比國如此，法國亦然。

瑞士國內郵資係由立法部門規定，而手續費如快遞費及掛號費等均由聯邦委員會規定，惟政府對郵費亦不願時有更張，增加使用者之負擔。

荷蘭郵資係由議會授權運輸及工程部（其下轄有郵電總局）在預定範圍內得自由調整。

葡萄牙法律授權政府有核定郵電資費之權，惟有一限制，即核定之郵電資費，應以足敷郵電各項開支，收支平衡爲度。

綜觀各國郵資制訂之權，雖原在國會，而有有條件由行政部門自行調整之趨向，良以郵資調整，須由國會通過，此在物價甚爲穩定之時，尙無大礙，戰後各國物價，多有波動，此種辦法，實屬緩不濟急，郵資低落，郵政遭受虧累，事業無由發展，最後，蒙其害者，當仍爲一般公衆及整個社會，觀乎此，則今後郵資之逐漸移由行政部門調整，其趨勢當更爲明顯。

（下略）

原載四十五年三月十五日交通建設五卷三期

信封標準化問題

一、標準化的經過

㈠要研究信封的標準化不能不先談一談紙張的標準化。

㈡早在若干年以前，前國際標準協會即有紙張尺度標準之草擬，民國二十四年，我國前實業部全國度量衡局即根據這項國際紙張尺度標準，擬訂我國的紙張尺度標準草案，嗣經經濟部前工業標準委員會於民國三十三年先後召集各有關機關、團體、專家以及造紙、印刷、書報各業舉行紙張標準座談數次，對原草案認爲允當，然後再提經委員會通過，呈准經濟部公布施行，並轉呈行政院備案，此爲我國紙張標準訂定之經過。

㈢這項紙張尺度標準中，也包括有信封、箋適用的標準尺度。交通部標準委員會（記憶容有錯誤）並曾訂有信封信箋及明信片式樣尺度標準草案，三十三年五月重慶印行之交通建設第二卷第五期曾刊有上述草案及說明，惜該期筆者多方尋求未獲，否則可在早期信封，箋標準化運動方面，得一重要資料。

(四)抗戰勝利後郵局曾提倡信封、信箋之標準化，惜以戰亂未果行。

(五)萬國郵政聯盟對信封標準化問題，甚爲重視。除設有小組研究此一專題外，一九六四年維也納第十五屆萬國郵政大會曾通過議案，以爲今年秋間將在東京舉行之第十六屆大會討論之基礎。

二、何以要標準化

(一)使郵局工作便利，增進效率。

(二)郵件數量日增，必須用機械處理，信封標準化，爲機械處理之先決條件。

(三)標準化使信封、信箋可彼此配合，裝入後四週平整，厚薄均勻，適於蓋銷。

(四)規格一致，可以節省紙張，減低費用，並便利工廠印製。

(五)封箋標準化，整齊劃一，便於歸卷保存。

三、國際標準組織（ISO, Organisation internationale de normalisation）對信封、箋標準尺寸之建議

㈠建議之信封標準尺度：

編號	
C_3	324×458 mm
C_4	229×324
C_5	162×229
C_6	114×162
C_7	81×114
B_4	250×353
B_5	176×250
B_6	125×176
B_6/C_4	125×324
$C_7/6$	81×162
DL	110×220

㈡適用於切製標準紙張之原則，亦適用於切製信封、箋，該項標準紙張ABC三組之形式如下。

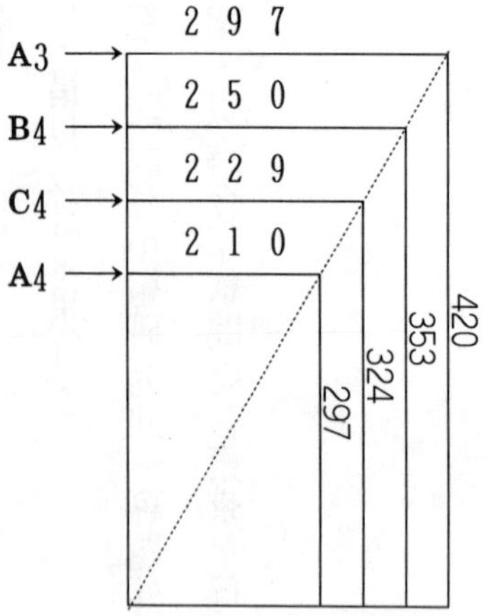

四、萬國郵政聯盟對信封標準化問題之建議

(一)萬國郵政聯盟郵政研究諮詢委員會會（CCEP）曾成立A1工作小組，研究此一專題，該小組幾經研討，提出報告，建議：

信封之寬長最小爲 90×150mm

最大爲120×230mm

寬長之比不得小於 $1:\sqrt{2}$ 即1:1.414

厚度以5mm爲限。

所用紙張不得輕於$60g/m^2$，以保持信封適當之硬度。

(二)上述建議，經層轉維也納萬國郵政大會，於一九六四年七月八日通過一項決議，其要點如次：

信封之寬長最小爲 90×140mm

最大爲120×235mm

長不得少於寬之$\sqrt{2}$ 即1.4.14倍

紙重不得少於$63g/m^2$，但維也納決議另有二項附註如下：

1.現行之裝寄名片之信封尺寸可作爲例外暫予維持（按裝寄名片信封之尺寸荷蘭與法國爲70×100mm及72×112mm，美國爲76×108mm，上述三國均爲A1工作小組之參加國）。

2.本議決案所定之標準尺度係指日常之信函而言，至公約中關於信函尺寸之規定並無變更。其他各件如不超過公約規定最大限度（按即：長寬厚合計900mm，其中最大之一邊尺度不得逾600mm），仍可收寄。維也納大會聲明上述決議將提交下次大會（按即今年之東京大會），以爲最後決定之基礎。同時並請各會員國轉知其紙廠及公衆東京大會可能獲致之結論，該項結論將於三年之內實施。並設法請紙廠及公衆儘速採用上述新標準。

(三)維也維大會上述決議，國際標準組織並不贊同，因寬長最小限度提高爲90×140mm後，$C_{7/6}$（81×162mm）及C_7（81×114mm）兩種標準尺寸將被擯斥。

(四)先是郵盟（UPU）與國際標準組織（ISO）曾有聯合委員會（Comité de contact d'iso-upu）之設立，商討信封標準化問題。該委員會對維也納大會上述決議，亦持異議，對該決議之附註，亦認爲不足，曾另擬決議案草案（Contreprojet de résolution），主張：

1.大於120mm或235mm但未超過公約規定限度之信函可以收寄。

2.小於90×140mm但合於ISO標準之81×114mm及81×162mm兩種尺寸亦可收寄。

(五)上述兩種意見在一九六五年五月二十四日聯合委員會會議中討論甚久，最後ISO第六技術委員會（Comité technique TC6）通過一項決議，其要點如下：

1.在最近期內，將寬度最大限度由120mm增爲125mm

2.建議東京大會：

(1)將寬度之最大限度提高至ISO標準尺度162mm。

(2)可能時採納ISO之C_7尺度，即81×114mm爲最小限度。

(六)郵盟與國際標準組織意見不同之原因，由於前者認爲小於90×120mm之信封即不便以機械處理，後者則認爲如此規定，與一般習慣上使用之信封不合，且對紙商不利。

五、我國標準信封、箋尺度

(一)中央標準局制定之標準尺度：

1.原理：採用畢塔哥里氏比率即等腰直角三角形之弦與一邊之比率，亦即$\sqrt{2}:1$之比率爲標準紙張尺度長與寬之比。其優點在於依此比率裁用之紙張，無論對開若干次，其長寬之比例均不變。

2.依上述原理所裁切之紙張尺度分為：甲、乙、丙、丁四組，甲組為主組，餘三組為輔組。並可將各組紙張尺度加倍或折半若干次，俾合於習用之長條紙形。

3.上述各組尺度中，合於信封及公文封者如下：

編號	尺度
丙$_4$	229×324mm
丙$_5$	162×229mm
丙$_6$	114×162mm
3横甲$_6$	315×148mm
3横甲$_7$	222×105mm
3横乙$_7$	264×125mm
3横乙$_8$	186×88mm
丙$_7$	81×114mm

合於信封及公文紙之尺度如下：

編號	尺數
甲$_3$	297×420mm
甲$_4$	210×297mm

甲$_5$	148×210mm
丁$_4$	192×272mm
½甲$_4$	105 l 297mm

(二)行政院事務管理改進委員會訂定之公文封、紙及信封、箋尺度：

名稱	
公文封一號	丙$_4$（229×324mm）
公文封二號	丙$_5$（162×229mm）
公文封三號	丙$_6$（114×162mm）
公文紙	丁$_4$（192×272mm）
中式信封一號	（114×230mm）
二號	3 橫甲$_7$（105×222mm）
三號	丙$_6$（114×162mm）
西式信封一號	（120×220mm）
二號	丙$_6$（114×162mm）
中式信箋一號	甲$_4$（210×297mm）
二號	丁$_4$（192×272mm）
三號	丁$_4$（192×272mm）
西式信箋一號	甲$_4$（210×297mm）
二號	丁$_4$（192×272mm）

六、國際信封製造商協會（Comite International des Fabricants d'enveloppes）意見

㈠協會認爲維也納郵政大會規定之信封最小尺度90×140mm及最大尺度120×235mm均不合ISO所訂國際標準。小者不夠小，大者又不夠大，因之表示反對。

㈡協會主張最小之尺度採用C_7（81×114mm）並進爲整數：80×115mm。最大尺度採下列二種：

1.以二十公克爲信函重量單位者，採C_5（162×229mm）並進爲整數：160×230mm

2.以二十公克以上爲信函重量單位者，採C_5/B_4（162×250mm）並進爲整數160×250mm

㈢協會同意信封寬長之比最小爲$1:\sqrt{2}$。但不得再有其他何項限制。

七、各國郵政實際使用信封尺度

經蒐集各國郵政寄來之信封，通常使用者約可分爲兩種如下：

一爲長方形。尺寸與標準尺度C_6（114×162mm）相同或相近，但亦有小至87×142mm者，

如澳大利亞是。

一爲長條形。尺寸與標準尺度C_7（105×222mm）相近。

此外：較大之信封則與標準尺度C_5（162×229mm）相近。

特大者則與標準尺度C_4（229×324mm）相近。

八、建　議

(一)按我國郵政現行標準信封二種：一爲長方形，尺度丙$_6$（114×162mm），一爲長條形，尺度3橫甲$_7$（105×222mm），均與：

1.我國國家標準中信封尺度，

2.行政院事務管理委員會所定公文封及信封尺度，

3.維也納萬國郵政大會所定信封尺度，

相符。且此二種尺度之信封，甚適合於機械處理。又其中丙$_6$之尺度，與國際標準組織所定尺度亦相符合，3橫甲$_7$則與該組織之DL尺度甚爲接近。各國郵政通常所用信封亦與此二種相同或相近。故此二種尺度之信封，似可全力推行，一則可以增加郵局處理上之便利，二則可爲將來機械化之準備，三則可爲今秋東京郵政大會我國報告之資料。

(二)我郵現用之丙$_5$（162×229mm）信封，亦係標準尺度，各國郵政亦有採用相同或相近尺度之信封者，以其尺寸較大，可裝較多之內容，可補前述二種尺度信封之不足，機械處理亦尚可適合，似亦不妨定為大號標準信封，必要時可酌予推行。

(三)國際信封製造商協會意見，似可部分接受，即將維也納大會所定最高限度（120×235mm）改為（162×229mm），以符ISO所定國際標準。（許可差為±2mm）維也納大會所定最小限度（90×140mm）亦不合國際標準，但協會建議之（80×115mm）又嫌太小，不適機械處理，似可建議改為與原尺寸相近之標準尺度丁$_6$（96×136mm）

(四)基於上述各點，今秋東京萬國郵政大會我國似可建議將標準信封尺度範圍改為：

最小　96×136mm

最大　162×229mm

長寬比例　不小於2:1

並建議在此範圍內儘先採用下列尺度：

1.C_6（114×162mm）　（長方形信封）

3 横甲$_7$（105×222mm）　（長條形信封）

2.D_6（96×136mm）　（航空郵簡）

3.A_6（105×148mm）（明信片）

必要時並採用C_5（162×229mm）（大號信封）

(五)我國現行國際航簡尺寸爲98×135mm，似可改爲96×136mm（如以許可差±2mm而言，不改亦可，但總以與標準尺度完全相符爲宜，以免或有批評。）

（附註：關於標準信封之地址如何書寫，郵遞編號應列何處，各種簽條應貼何處，帶有洞口信封之洞口應在何處，紙張顏色，磷性反應等問題容當另論，此處姑從略。）

原載五十八年三月十五日交通建設第十八卷第三期

閒談 G. P. Fund

一月三十一日報載：財政部長李國鼎於三十日上午在國民大會憲政研討會第二十四次綜合會議中說：「財政部即將協調有關單位修改公務人員保險法及積極進行建立全國軍公教人員及企業界員工福利儲金制度，俾在國家財力可以負擔的範圍內，提高軍公教人員及受雇人的福利。」我們不知財政部所擬建立的福利儲金辦法爲何，但看了這則新聞，卻使筆者想起郵政過去所辦的G. P. Fund。

筆者「予生也晚」，入局時G. P. Fund的辦法早已廢止，這個名詞，還是從老輩同事的口中聽來的。它的全名是Guarantee and Provident Fund，當時郵政因客卿秉政，一切公文書都以英文爲主，它的中文譯名叫「保證金及防後金」。顧名思義，這項基金設置的主要目的有二：一是作爲從業人員防後之用，具有退休或養老金的性質；二是在積存額到達某一定數字後，可以作相關人員保證之用，免去其覓保之煩，可說是一項法良意美的辦法。

這項辦法是由當時外籍郵務長多福森（E. Tollefsen）建議而於民國七年十一月二日由郵政

總局總辦（Co-Director General）鐵士蘭（H. Picard-Destelan）署名之第四五八號英文通令（Co-Director General's Circular）頒布，旋復於同月十六日由第一一二六號中文通諭諭知，並自民國八年一月一日開始實施。

依照通令所說，它是參照當時各國較大公私企業所實行的辦法擬訂的，其要點如下：

一、參加人員爲：

㈠已實授之外籍人員

㈡已實授之郵務官（Assistant）及以上人員

㈢自郵務員（Clerk）擢升之試用郵務官

㈣試用一級以上之郵務員

㈤試用二級以上之郵務生（Yu-wu-sheng）

二、上述各班次之現職人員可自由參加，嗣後新入局者則必須參加。

三、參加人員每月由薪金（各項津貼不計）內扣存百分之十，年終另再由局方撥存不逾此數之相對補助。

四、上述存額按不低於百分之五之年息複利計算給息。

五、每年由郵政盈餘（未扣除資本支出）中提撥不逾百分之十之數，其中百分之八十作上述相對補助之資金來源，其餘百分之二十作特別基金，以供某些特殊用途。依照公布時當年盈餘情形，上述相對補助約爲扣存薪金之半。其後各年，亦係視該年盈餘之多寡而定。

從上列要點看來，這項辦法的優點如下：

一、如同前面所說，具有防後和充作人員保證之用。按關於防後方面，當時尚另有叫作Retiring Allowance（中文譯作養老金）的一種，其辦法是郵務員服務每滿十二年可按其最後一個月之薪額發給一年之薪金，郵務官則爲服務每滿十年發給一次（見民國二年十二月十三日通令第三四四號），民國六年八月二十四日，交通部令復規定郵政總局總辦爲服務每五年發給一次，嗣自民國六年九月一日起，郵務官改爲每七年發給一次（見民國六年八月三十一日通令第四三八號），旋自民國七年一月一日起，郵務員改爲每十年發給一次（見民國六年十二月二十七日通令第四四四號），又自民國十五年四月一日起，改爲每七年發給一次（見民國十五年四月二十八日通諭第二八一號）。迨至民國十八年，此項養老金辦法，奉部令改爲不分等級，一律按年於年終照十二月份薪額依服務年資發給獎勵金（Annual Gratuities），凡服務已滿一年而未滿十年者按一個月薪金發給，滿十年未滿二十年者一個月又四分之一，二十年及以上者一個月又二分之一（見民國十八年一月二十六日通令第五八八號）。故此項

Retiring Allowance實際是一種年終獎勵或俗語所謂年底雙薪之性質（按Retiring Allowance當時僅發給郵務員以上之高級人員，至郵務生以下班次員工，則係發給New Year Gratuities即年賞，其制係服務滿一年至二年每年年終發給半個月薪水，滿三年以上發給一個月薪水，至此則統改爲獎勵金。），而本文所談之G. P. Fund才是眞正養老金性質。

至於人員保證方面：早在清光緒三十二年即一九〇六年之九月十二日，曾以通令第一四四號訂定郵政員役底保章程及辦事細則，規定洋、漢文供事及文案等均須有底保兩家，所擔負之保銀數目如下：

甲、試用洋文供事（Candidate Clerks: Linguist）	四百元
乙、試用漢文供事（Canditate Clerks: Non-Linguist）	二百元
丙、洋文供事（Postal Clerks: Linguist）	一千元
丁、漢文供事（Postal Clerks: Non-Linguist）	五百元
戊、管理甲類滙票局供事	至少一千元
己、管理乙類滙票局供事	至少七百五十元
庚、文案（Writers）	其數由郵政局定奪

辛、分信差（Sorters）、城差（Letter-Carriers）、信差（Carriers）、聽差等須以洋銀三

十元作押，款一次呈交或按月由薪工內坐扣。

至民國二年十二月十三日復由通令第三四四號規定郵務生之保證金爲一千元，郵務員亦爲一千元，郵務官爲五千元。

民國五年七月十四日通令第四一九號修訂揀信生（即上文之分信差）、信差、聽差、郵差、雜役等之待遇及保證辦法，規定揀信生最低須繳具兩百元之保證金（Security Bond）及至少高於六十元、不超過一百元之押款（Security Cash Deposit），此項押款可按月由薪工內扣繳，扣繳額超過十元時並給予利息。其他差工亦須繳具不少於一百元之保證書及與上述同額之押款。

以上爲當時員工所需保證之大概情形。按是時距郵政正式開辦已二十餘年，各項業務正逐漸推展或擬予開辦，例如保價信函、保價包裹、國內及國際滙票等業務已漸擴展，郵政儲金正籌劃開辦，經辦人員責任加重，故用此種方法以加強人員之保證，並俟存款數額達到一定標準後，用以代替保證。

二、所需資金，一部分由人員薪資內按月扣存，一部分由事業盈餘內提撥，逐年累積，滙爲巨額，資金有確實可靠之來源。

三、由於資金一部分來自事業盈餘，足以激勵從業人員，鼓舞其服務熱忱，提高其工作效率，並使人員個人利益與郵政事業利益結合爲一體，使之自動自發，一方面努力推展業務，一方面又儘量節省開支，以達成企業化之目標，獲致大量之盈餘。同時並加強人員對事業之向心力與永業化。

綜觀此一辦法之各項優點，適與現代化企業管理中激勵的原則、自動自發之原則甚至參與之原則不謀而合，在距今五十多年前，郵政即能有如此進步的措施，確屬難得。

當時民信局依然存在，業務上競爭至爲激烈，郵局除運用行政力量，設法予以取締外，並在經營、管理和服務上努力改進，以期從實質上超越民局，爭取業務，使民局自然趨於消滅，此一辦法亦是改進的重要措施之一。

談到此處，不覺聯想到郵政事業七十多年來之所以能安定成長、日益發皇，主要是有賴於它有一套良好的管理制度，尤其是人事制度。郵政的各種制度，各種辦法，都是以加強人員對事業的向心力，鼓勵人員永業化，並求簡化工作，提高效率爲原則的。但隨著客觀環境的變遷或外界的影響，有的辦法不得不予以改變，但其效果如何，實值考慮。例如人員因事記功或記過，過去係予以提前晉級或延緩晉級，使功、過與其資位發生直接之關係，現則改爲給予獎金或罰薪，與資位毫無牽連，其影響自也大不相同了！又如人員考績，過去係分一二三等，隨時可以變更，亦即隨時予以考績，既靈活，又簡便。現則改爲各別記分，年終考績，不獨一兩分或三五分之差，無法評定，甚至有因數分之差，招致紛擾質詢之情形，且將全體人員之考績一概置於年終時辦理，經辦人員有限，實亦忙不過來，而且某一班次以上人員之考績評分及晉級尙須層轉有關機關核定，其紆廻緩慢，更不必談。這些都是題外之言，就此打住。

且說G. P. Fund自民國八年實施，中間經過約十年，至民國十八年改爲郵政養老撫卹金（Pension）。並由交通部部令公布郵政養老撫卹金章程，規定人員服務滿二十五年者得按在職最後月之薪給發給二十五個月之數，超過二十五年者，每一年增發半個月；服務不滿二十五年者不發。又規定郵政養老撫卹金以㈠原有保證防後金及資助金餘款之金額及所生利息五分之三，㈡每月郵政收入項下提出等於全體員工薪水百分之七，㈢每年郵政盈餘項下提撥十分之一，㈣上列㈡㈢兩項之利息及每年支付養老撫卹金所餘之款等款項充之。

G. P. Fund結束並將各員工存款發還後，所有餘款以及資助金餘款經結算截至民國十八年六月止，共有二百四十六萬四千八百五十八元五角五分，經於十一月間解交交通部五萬六千元，以二百萬元撥充郵政養老撫卹金基金，其餘四十萬八千餘元留存郵局作建設經費。

於此尙須補充說明的，即G. P. Fund的參加人員僅限於前述的幾個班次。按當時郵政員工的班次共有下列幾種：

㈠郵務長
㈡副郵務長
㈢郵務官
㈣郵務員
㈤郵務生
㈥揀信生
㈦信　差
㈧郵　差
㈨聽　差
㈩雜　役

上列之郵務官、郵務員、郵務生其後合併統稱郵務員，分爲甲、乙兩等，揀信生則改爲郵務佐。

揀信生以下各班次員工並不參加G. P. Fund，而係參加前述之押款辦法。民國七年十一月二日郵政總局第四五八號通令除頒布G. P. Fund辦法外，同時並規定揀信生以下員工所繳押款到達某一定額後亦可由局方給予十分之一之相對補助，押款之利息亦酌予提高，使彼等於離局時，亦可獲得相當數額之款項。

押款辦法於民國十二年一月一日廢止，改爲郵政資助金（Superannuation Fund），仍適用於揀信生以下員工，由其按月各依薪工之多寡存儲一元或五角，在服務滿五足年後，由局方按其班次每年給予不同數額之資深酬金（Seniority Bonus），連同規定之息金，一併歸入各該員工之資助金帳內（見十二年三月三日通令第五二九號）。

迨民國十八年郵政養老撫卹金公布後，該一辦法適用於全體員工，資助金遂亦與G. P. Fund同時廢止。

原載六十二年三月十五日交通建設第二十二卷第三期

慎勿矯枉過正

——寫在郵政百周年紀念前夕

年前報載：行政院經建會服務業自由化小組決議：在公元兩千年前，完成郵政總局的改制，其內容主要爲：

㈠將郵局改制爲：銀行、壽險、遞送、櫃檯服務四個國營公司，分別經營上述四項業務。

㈡辦理一般放款業務。

㈢開放民營部分信函遞送業務。

以上郵政公司化的方案詳情如何，我們尚無所悉。依照上述小組的名稱看來，可能祇是郵局改制的第一步，下一階段，也即是最後目標，可能是郵政的開放民營。

郵政公司化後郵政總局可能將成爲一控股公司。並將郵政的經營權與監督權予以分離。

今年是我國國家郵政正式奉准開辦的百年大壽，百年來我國郵政確已經歷了不少的改變，今後自也會繼續有所改變，才能日新又新，不致停滯、落伍。

但一切改變，公司化也好，民營化也好，其本身都祇是一種「手段」，而並非「目的」。我們的目的，祇有一個，便是：「提高效率，增進服務。」所有的改變，都祇是爲達成這一目的而使用的「方法」或「手段」而已。因此，衡量「手段」是好還是不好，是必要還是不必要，須視現時這一事業是否確已「效率低落、服務不彰」，而有了病態？如果有病，自要就醫，如是無病，又何必施藥？

目前，公營事業民營化的呼聲，不僅高唱入雲，而且普及各業。民營化似乎成了一帖能治百病的萬應靈丹。它眞的是「靈丹」嗎，能治百病，且無後遺症的靈丹嗎？

我國的通信事業，原本就是「民營」的，回顧百年來我國的通信業，當初不僅是「民營」，甚至可說是「無政府」狀態。當時內有各地的民信局，依據民國二十二年的調查，全國共有七九一家（分．支號尙不在內）；外有各國在我國開設的客郵局，以及外人在我國開設的書信館。以上海一地爲例：有英、美、法、德、日、俄等列強的客郵局，又有工部局所辦的書信館；國人自己的，則有已向郵局登記的民信局四十六家，未登記的二十五家；此外，有舊式的驛遞，有新式的海關郵政；眞是林林總總，漪歟盛哉。通信事業如此的龐雜，倒反使得老百姓的一封信，不知要向誰交寄才好。當時的呼籲是：「統一郵權」。信函的專營權，也是那時爲抵制客郵而設立的。經過多年和多方面的努力，才逐漸趨於「統一」。

目前郵政雖仍維持一個「大一統」的局面，但多項業務中，有專營權的，祇有「信函」一項。而信函業務，由於電話、傳真等等日趨普及，已甚爲萎縮，且變得不重要了。反倒是商務文件、印刷物等非專營的業務，益形凸出，而民間經營此業的並不少。郵政的經營，實際上可說已是「自由化」了，並無待於改制。

美國郵政由於連年虧累，於一九七一年由原屬行政系統的郵政部（Post Office Depart-ment）改組爲公司型態的國有事業「美國郵政事業」（US Postal Service）。希望能藉此改制，起死回生，免於虧損。但若干年來，似乎效果並不見佳，仍然虧累。

我國郵政，多年來已是國營「事業」，並非「行政機關」，這與美國是不同的。我們所遭遇的困難，似乎並非形式上的或名稱上的「局」或「公司」；而是雖頂著「事業」之名，卻與一般行政機關的「局」受到同樣的諸多法令的限制與約束，如何解除這些限制與約束，才是問題的關鍵所在。這一點，除「改制」外，有無其他較便捷的途徑呢？是否非「改制」不可呢？

我人注意的是酒的「品質」，而非酒瓶的「形式」；如是「新瓶」裝「舊酒」，似倒不如「舊瓶」裝「新酒」，且可免得「大動干戈」。

八十五年一月十五日會訊六十九期

從郵史看郵政改制

百年老店的郵政，爲何要改制，要「公司化」，進而「民營化」？

參考各方面的意見，其理由似可歸納爲：

一、符合自由經濟、公平競爭的原則，和世界的潮流。

二、解除事業經營的束縛。

三、業務與監理要分開，避免球員兼裁判。

首先，我們要認清：郵政是一個國營事業，但並非專營的事業。在郵政各項衆多的業務中，過去祇有「信函」和「簡易壽險」兩項是專營，後者現已開放，故郵政的專營業務，祇有「信函」一項，也就是封口的信件和明信片的遞送。

信函的專營，起始於民國十年「郵政條例」的頒行，而頒行郵政條例，則是爲了抵制當時猖獗的客郵。原來那時列強每每藉口我國未有郵政條例之訂定，而肆意在我國境內設立客郵局，侵犯我郵權。是時太平洋會議已預定是年十一月在美京華盛頓召開，討論太平洋及遠東問題，該條例實爲我代表擬於會中提議撤銷各國在華客郵時對付外人所必須之資料，故趕於十月十二日由大總統發布，明定郵政事業由國家專營，無論何人，不得經營信函、明信片之收取、寄發及投遞。所謂「郵政」的專營，其實就是「信函」的專營而已。

百年來社會已有鉅大的變遷，電話、傳眞，越來越普遍，人們的生活步調，也越來越快速，寫信，似乎是文縐縐、慢吞吞的事，眞的是越來越少了。

依據郵政的統計，信函的數量，仍然逐年遞增，這可能是大量的商務文件，都作爲信函交寄的緣故吧。由於缺少這方面的統計，盼望郵局能作一專案調查，以明業務的消長實況。

無論如何，在郵政各項業務中，信函的重要性，已大幅降低。技術上，信函的認定，有時且難以明確。而對於民間遞送業有否私遞「信函」，郵局似也未認眞取締。所謂「專營」，實已名存實亡了。既是如此，何不乾脆放棄此項專營權，以免貽人口實。

目前民間快遞業者，比比皆是，翻開電話簿，就可找到一大堆。郵件的遞送，早已是公、民營並存，自由競爭、公平交易了。何待郵政的公司化與民營化呢？

英國郵政，早在一九六九年改組爲國營公司。美國郵政，也於一九七一年改組爲國有公司。値得我人注意的是：英、美兩國的郵政在改制前原本屬於行政體系，英國郵政總管理機構原是General Post Office（郵政總署），其首長是部長級的Postmaster General（郵政大臣），爲內閣閣員之一。美國郵政在改制前是由Post Office Department（郵政部）掌管，與其他各部同爲政府行政的一部門，首長也叫 Postmaster General（郵政部部長），也是內閣閣員之一。英美郵政的改制，其目的在脫離行政體系，藉由改爲公司組織而成爲以企業方式經營的國營（有）事業，以期獲得營運上更多的自主，以提高效率，爭取利潤。但美國郵政改制後迄至筆者退休（一九八三）前後，仍然大量虧損，不知近年如何？

反觀我國郵政，雖仍屬官署型態，實際上早已是一個國營事業，多年來更是依企業化的方式來經營，以期獲致盈餘，繳交國庫。故雖無公司化之名，卻有企業化之實，這一點是與英美大不相同的。

今天的問題是：政府對國營事業的看待，與一般行政機關，應有所區分，有所不同。應給予事業適度的自主，以解除其經營上的束縛。一部國營事業管理法，要從這一角度，予以修訂，並易名爲：「國營事業經營法」，以顯示新的方向。如此一來，國營事業，應可脫胎換骨，何必大動干戈，「公司化」、「民營化」呢？

至於球員兼裁判的問題，郵政的情形，也與電信、公路不同。郵政似是沒有甚麼監理的工作，過去的取締私信，似不能謂爲監理，何況此一工作，事實上恐是在放任狀態中。

公司化也好、民營化也好、都只是「手段」，而並非「目的」。我們的目的是提高事業的效率，增進其對人群的服務。在可以達成同一目的的不同手段中，我們要運用智慧來選擇，一項最高的原則是：「必期抵抗之至少」。

郵政是一項人力密集的工作，人工開支最大，故看緊「人頭」，最是重要，組織擴大，人員無可避免地自要增加。

筆者民國二十五年在江西九江入局，九江是長江中游的一個碼頭，一等乙級郵局。局屋是一座二層的西式樓房，樓下是營業窗口和郵件工作場所，樓上則是管理部門。我至今仍記得：樓上除局長及文書一人外，大辦公室中，僅有職員三人，一監理員、一會計、一總務，工友一人，整個管理部門共六人。抗戰前我去南昌江西郵政管理局，郵務長門外坐一工友，除傳送公文，聽候呼喚外，還利用空餘時間，加蓋空白匯票上的戳記，可見對人力的使用，是如何的撙節。

民國十八年，郵政司長兼郵政總辦劉書蕃出席倫敦郵盟大會，並赴歐美考察，回國後建議將郵政總局之儲金、匯兌兩處劃出，另行成立「郵政儲金匯業總局」，直隸交通部。理由有二：一是倣各國成例，設立專局；一是事責專責，發展乃宏。不想十九年分立後，郵政收支，即轉盈爲虧，二十年虧損更大，一般人認爲是郵儲分立所致，再加上其他的一些因素，於是群起「驅劉」與「併儲」，並發起「鞏固郵基」運動。二十一年五月二十二日，上海郵工宣告罷工，各地郵局相繼響應，遍及全國，形勢嚴重，政府乃出面調解，是時劉已辭職照准，延至二十四年，政府將「郵政儲金匯業總局」中之「總」字取消，明訂儲匯局隸屬郵政總局，由總局副局長兼任儲匯局局長，此一問題，方告解決。

抗戰期間，郵滙局在各大城市設立了許多分局，與郵局完全分離，除名稱上尚有郵政二字外，幾已是一獨立的銀行，一個普普通通、毫無專業特性的商業銀行。如此一來，可說是完全失去政府當初讓郵政開辦儲金的意義了。

據媒體的調查，各公營事業的經營績效，郵政名列第一：民衆對社會機構的評價，郵政也高居榜首，得分高達九一、九二分。而在銀行業排名中，郵滙局竟是龍頭老大，位居台銀之上，郵政同仁，與有榮焉。在此盛名之下，體制上的重大改變，更要小心才是。

原載八十五年七月三十一日郵人天地第三一七期

一城山色滿城湖

來臺以來，日月潭曾去過多次，但她給予我的感受，與一般去處不同，一般地方，走過一遭，看過一次，也就算了，日月潭則有如一個秀麗未琢的村姑，又如一個靜靜含苞的少女，吸引你去多次親近，細細溫存，她使你禁不住要一再盤桓，去而復返，浸沉遐思，享受她的寧靜，享受她的溫柔，物我兩忘，而與她化成一片！

這次，因事有中部之行，日月潭的記憶，隱隱中又在向我招手，捺不下這分情懷，乃於行前向涵碧樓打了一個電話，訂下了一個向湖的房間，以便與她耳鬢廝磨，默默無語地促膝談心，享受這分清靜悠閑，重回大自然的懷抱！

這兒我雖已來過多次，但每次目的，可說都不相同。三十七年底來臺後第一次來遊，可說是慕名而來，與一般觀光正復相同，遊覽一過而已；其後幾次，有的是與同事大夥兒結伴前來，有的是陪同親友前來，或陪同外賓前來，都無法細細體會。這次則是專爲欣賞——豈祇欣賞，而是分享她的幽雅脫俗、清靜出塵而來，準備與她靜靜共度良宵、清晨和向晚！

「偷得浮生半日閑」，我已自公職退休，有的是空閒，不必去「偷」，而且隨時皆是，也無「半日」或「一日」之限。我既是爲了清靜而來，因此不選在擁擠的周末或星期日上山，而於星期日下午與妻搭火車來臺中。我們二人，帶了一個小手提包，放了一些極爲簡單的衣物，我們不想受到攝影的分心和打擾，因此連照相機亦不帶了！

到了臺中，住了一宿，第二日周一搭公路客運的金馬號上山，因是周一，故乘客不多，票亦易買，我們坐在第一排，可以透過大玻窗，遠望正前方。

車子出了臺中市，不久，經過霧峯，幾年不見，這兒已是商店櫛比，成了很熱鬧的市街，與臺中相連，無復鄉野情趣。直到南投縣境，才漸見田疇。一路田間作物，高高直立的是甘蔗，平鋪地面的是草莓，而草莓果園的招牌，也隨處可見。

上山的公路有二：一經水裡，一經魚池。此次金馬號是經由魚池上山，將抵日月潭時，車子轉出山坳，眼前豁然開朗，遠山近水，一片空靈，沁入你的心脾！

車子經過街道，停在涵碧樓前，我們下車進入，辦好登記手續，服務生引導到三樓的一個房間，臨湖一排落地玻窗，湖光山色，撲面而來，不覺塵累頓失！

這是一棟依山傍湖的建築，面湖一排房間，全是落地長窗，窗外則是陽台，坐在陽台上，全湖景色，盡收眼底。陽台下則是旅館的庭院，綠草平鋪，杜鵑花與玫瑰花點綴其間。庭院前拾級而下，是舊館的房間，左側則是新近修建的別墅式房屋，一棟棟二樓小巧建築，散落在山邊水坳，掩映於叢林翠綠中，這家旅舍，其本身其實亦可算作是一個觀光所在！

這兒正對湖中的光華島，對岸山腳是玄光寺，山腰則是玄奘寺，矗立山峯的則是慈恩塔，山後層巒疊嶂，一峯高過一峯，湖水湛藍，山色則是深綠，漸遠漸淡，恰似一大幅潑墨山水，襯托在白雲縹緲中。山勢迤邐，向左便是德化社，湖面更加寬濶，山峯更是高聳，一派蒼鬱，與天際深厚的雲層，凝爲一片，已無法分辨，何處是山，何處是雲。這裏面向東南，遠處正是中央山脈，故爾山勢連綿，聳立雲際，把名湖襯托得更加秀麗，相得益彰，爲名湖生色不少！

記得在瑞士洛桑時，也是住在市郊一座面湖的旅館中。迎窗而立，湖山在望，雖已春深，對岸山峯，尙有積雪，但總以近在市郊，不若日月潭之寧靜。若以日月潭比作秀麗的、璞玉未琢的村姑，則洛桑湖畔應是明媚入時的城中少女，而日內瓦的湖濱，正在市區，可說是都市中的風華少婦了！

我們在陽台上坐了很久，捨不得進入房內，暮靄從四圍漸漸合攏而來，湖面靜悄悄地，祇有一條船，劃破水面的寂靜，向前滑去，船舷兩側各劃出一道水紋，從船頭像二角翼似地左右分開，船行愈遠，水紋也愈長，而逐漸消失。

忽然，遠處傳來斷續而緩慢的鐘聲，穿過四野寂寥，飄越水面而來。唐張繼楓橋夜泊：「姑蘇城外寒山寺，夜半鐘聲到客船。」此時雖未夜半，卻已黃昏，想來它定是來自對岸的玄奘寺。鐘聲悠抑，飄然遠引，不僅令人發思古之幽情，抑且作出世之玄想。也想到玄奘西行取經的勇敢與毅力，與夫普渡衆生的精神。一代高僧，千百年後，仍令後人生無窮之敬仰。他的遺骸，歷經兵燹，幸終得回歸故國，葬此名湖，使人得以憑弔。

晚間，扭開電視，使我們又回到這個世界，得以與它溝通。然而：歌聲、舞影、乃至嘈雜的廣告聲，又打破了周遭的寧謐，也可說對這兒的環境，造成一個小小的污染。工業文明的發展與大自然的維護，何者優先，如何協調，有待今日的人類，運用其高度的智慧，去作一最佳的抉擇了！

入夜，我們睡的分外恬適，不覺東方之既白，我披衣急起，步出陽台，與啾啾小鳥，共享這湖山的靈秀。薄薄的晨霧，飄浮在水面、山腰，有如待嫁新娘，蒙上一層面紗。湖面靜悄無聲，四野萬籟俱寐，使小鳥啁啾，分外顯得單調，山川靈秀與大自然的寧靜，是造物者給予人類最大的恩惠，最大的享受。

仁者樂山，智者樂水，這山光水色，兼而有之的處所，應是仁者與智者所共樂的吧？

一會兒，太陽漸漸上升，晨霧也漸漸退去，山形更見明朗，湖水也粼粼發光。這排房間，因面向東南，一排落地長窗，陽光直射入室內，陽台上更不用說，照滿了晨曦，此時雖已初春，但陽光普照，有如冬日之和煦可愛。每個房間的陽台上，都設有一盆深紅色的九重葛，正在盛開，花瓣在陽光下綻放，笑靨迎人，分外明亮！

我們下得樓來，出了旅館，緩步循著曲折的馬路下山，一路樹木扶疏，特別是四週環境十分潔淨，馬路更是整潔，在此散步，可算是一享受。奇怪的是出了涵碧樓的範圍，一入市街，便不是那麼潔淨，給人的感受，便自不同，可見事在人爲。位於進入街道分叉點郵局的背面，新闢了一條馬路，直通公路車站。這條馬路可能因係新闢，更現髒亂，使風景勝地，爲之減色！

沿湖一條小街，雖有一二新的高樓建築，但整體上仍維持原來的老樣子，不失固有的風味，甚是難得！

我們來到湖邊碼頭，這兒已整理得頗爲整潔，湖邊垂楊數株，細枝飄拂水面，陽光灑落其間，令人如置身江左。想到此際正是草長鶯飛，雜花生樹的時候，面對眼前的滿湖春色，不禁心嚮江南水鄉！

沿湖早已闢了公路，可直達各個遊覽之處，免去了攀登山徑之累。如坐船遊湖，亦可停靠各遊覽之處，但必須自下船處往上爬，十分吃力。因此有很多遊覽車司機，向我們兜生意。

我們以爲長年在城市中，車子已坐夠了，好不容易來到日月潭，豈有不乘船遊湖之理？正好有一對夫妻遊客與我們有同感，於是四人合租一船，徜徉水面。湖水平靜如鏡，祇有些微波紋盪漾，陽光照耀水面，春風煦拂，船行輕而且快。自湖中看四岸，自是別有情趣，與自岸上看湖，感受不同。老殘遊記中寫景有：四面荷花三面柳，一城山色半城湖之句，日月潭雖無荷花，柳樹也不多，但卻不僅是一城山色，而且是滿城湖，其景色當較老殘所見，猶有過之！

沿湖的幾處名勝，我們早都已去過，此次不過趁遊湖之便，每到一處，上岸走走而已。我們先到光華島，而後到玄光寺，再徒步至山腰的玄奘寺，再下山上船到德化社，最後到文武廟，每一名勝之處，湖濱都有碼頭，以便遊客上下，祇有文武廟一處，沒有碼頭，船夫費了很大的氣力，總算將船靠了岸，非常不便。由於此處無碼頭，乘船者上岸不便，似有驅使遊客一開始就不得不考慮捨船雇車之嫌，是一小小缺點。

爲了多享受一些這分寧靜，我們特地多住一宿，而於星期三下山回臺北，來臺中時臺北還在下雨，這幾天卻是大好晴天，返臺北翌日又淅淅瀝瀝，下起雨來，感謝天公給我們這幾天好天氣。「一城山色滿城湖」，明年春暖花開的時候，我們會再來探望妳的！

原載七三年七月中央月刊第十六卷九期

故鄉行

一

我的故鄉是江西省九江市。

九江在江西省的最北端，長江南岸，東距鄱陽湖入江處的湖口很近，西到武漢三鎮，坐輪船溯江而上，也祇要一夜功夫，即可抵達。向南有南潯鐵路直通南昌，接上浙贛鐵路，向東可達杭州，向西轉南到廣州。

九江是長江中游的一個中等城市，戰前人口，記憶中似還不到十萬人，市內商業街僅有一條大中路，市區有一湖，中有長堤，一邊是南門湖，一邊叫甘棠湖，其中有烟水亭，相傳三國時的周瑜曾在此訓練水軍。湖的一邊是市街，一邊則是山巒，舉目匡廬在望，是一個襟江帶湖，而又遠山含翠的清秀城市。

我生長在九江，幼年在故鄉受私塾教育，除初中負笈他鄉外，高中又回到九江，故鄉情景，印象十分深刻。我雖係於三十七年來臺，但在抗戰時，九江於二十七年夏淪陷，我即匆促撤離。在淪陷之翌年，雖曾一度返回，亦僅短期停留，勝利後自重慶回南京，經過九江，曾上岸探視，但不過數小時。故如自二十七年起算，離別故鄉，已半個世紀了。白雲悠悠，故鄉情景，常在記憶中。

去年，因事赴美，停留了一段時期，因此得與大陸家人，取得聯繫，正好政府開放探親，遂決定回去一次，探望已九七高齡的姨母和七十多歲的胞姊，看看久別的故鄉和大陸的眞實情況。

爲期便捷，同時也可節省時間與金錢，我本想由美國西岸逕飛上海，返回九江，而後直接由大陸經港返臺。但那時內子在臺碰到一些已由大陸探親返臺的友人們，談到他們在大陸的親身經歷，或轉述一些所聞，簡直令人難以置信，卻又言之鑿鑿，令人不能不信。例如：探親者一到故鄉，不僅親戚朋友，甚至遠近的人，都會向他要東西，甚至將他的穿載都要光，弄得探親者落荒而回。有的因言語不愼而遭扣押。種種不利前往的傳聞，不一而足。內子因此不贊成我此時一人前往，如定要前往，最好參加旅行社所辦的旅遊，不要自個兒獨闖。我曾將此事徵詢過數位親友的意見，他們的看法，亦是如此。

但我想政府既已開放探親，大陸方面也宣布歡迎臺胞前往，此類不愉快事件，即令確有，亦應是個別的單一事件，不能以偏概全，因噎廢食。我之去大陸，是爲了探親，是爲了看望久別的故鄉，也是爲了可以親身了解一下彼岸的實際情況，體驗一下其實際的生活。如果參加旅行團體，則一切都已由旅行社安排妥當，照表行事，不易達到上述的目的，特別是後二項，故我仍決定一人單獨前往。但爲了當面向內人解釋，使其放心，乃決定仍先回臺灣，並由臺去大陸。

那時聽說由臺經港去大陸，申請香港簽證，甚費時日，故我即向英國駐德州休士頓領事館香港組申請香港簽證（當時我住德州阿靈頓，屬該館服務區域），它給了我二年有效，可多次進入香港的簽證，但申請費花了八十美元，即以今日滙率折算，亦合臺幣二千餘元，甚是昂貴。經舊金山時，又向中共領館請到臺胞旅行證，期效亦是二年，上午到該館提出申請，中午即拿到旅行證，可謂迅速。費用僅美金七、八元之譜，甚是廉宜。

回臺不久即進入暑季，遂決定秋涼啓程。我的行程，原擬到港後即搭中國民航直飛武漢，然後再搭長江輪船東下九江。機位已向旅行社訂好，不想訂位次日，報載中國民航一架自大陸飛往香港飛機，降落時衝出跑道，墜入海中。飛行失事本是偶發事件，每家航空公司，都難完全避免。但各方對中國民航的批評，都不見佳，爲了免除乘坐時心中可能產生的不安，遂決定由港乘火車去穗，並搭火車去南昌轉九江。車票旅行社僅能代我訂到南昌，南昌以後的則須俟到達當地後自理。到港、到穗，旅行社均有專人來接，廣州需停一夜，旅館亦已由旅行社代爲訂好。

二

我於去年九月三十日搭華航上午九時十五分機於十時五十分到港，出機場後即逕赴九龍火車站搭下午二點三十五分車去穗。行李簡單，僅帶了一個隨身小手提箱。九月底香港天氣，仍甚炎熱。二點不到，候車大廳即已擠滿了乘客，看來一大半都是來自臺灣的探親者，雖早已排成長龍，但仍擁擠不堪，汗流浹背，排了半天，好不容易總算長龍已慢慢蠕動，連擠帶推，經過關卡的檢驗查看，終於擠出重圍，上了火車，這才鬆了一口氣。

我搭的是高級車次，車廂倒也整潔，與臺灣的高級列車差不多。

不一會，到了深圳，這兒已是大陸地界，車廂裡出現了幾個穿制服的士兵，我想也許不是中共的正規軍人，而是當地的民兵或鐵路警衛之類。但他們的制服，據說都差不多，也許因爲在臺看慣了國軍的服裝，見到這樣的軍服，甚是不習慣，黃黃的，紅領章，加上那頂帽子，似乎顯示不出軍人的雄糾糾、氣昂昂的英姿。特別是穿得並不整齊，鬆鬆的、垮垮的，連風紀扣也不扣好。其後我在廣州，在武漢的街上，也常遇見穿這種制服的士兵或軍官，也都是這樣子。如果當年紅軍也是如此，眞不知是如何能節節戰勝的。

傍晚，抵達廣州，衆多旅客，擠在出口處，地方並不大，設備也簡陋，秩序很差勁，香港的情形，在此又重演一次。廣州是大陸的主要門戶，臺灣來客的第一站，不知中共為何不對車站的設施、旅客湧到的安排，稍作規畫，使其流暢。這是並不費力的事，卻可獲得旅客、特別是臺灣探親者到大陸的第一個良好印象。

出得站來，踏上廣州街道的第一步。我不禁想起登陸月球的阿姆斯壯所說：這是我的一小步，卻是人類的一大步。我也要說：這是我的一小步，卻是四十年來兩岸關係的一大步。我禁不住以好奇的眼光，四處張望，想要探索出一些與臺灣不同的地方，一時倒也看不出有何顯著的差異，祇覺得燈光暗淡，市容似遠不及臺北街頭的熱鬧，也許這兒並非廣州鬧市之所在，然而臺北車站前是何等繁忙的景象？而臺北的街道，又有那一條入夜不是車水馬龍呢？

旅行社派來火車站接我的人叫了一輛計程車，將我送至不太遠的一家旅館，房間還整潔有衛生間，房價已在臺北預付給旅行社，按港幣二百元一天計算，我沒有問旅館實際價格是多少，但我想絕不需二百港幣。這家旅館我想祇能算是中上等，大門外有一不算小的停車場，進門大廳亦不小，但空蕩蕩的，似是有些散漫，缺乏一種緊湊、繁忙、活力的感覺。

晚間，我打開水龍頭洗澡，卻沒有熱水，問管理部門說是熱水機有點毛病，正在趕修，囑我稍等一刻。但半小時後，仍無熱水，經往返一再詢問，經確定無恢復供應希望後，祇好依照他們的辦法，到熱水房提了一桶熱水來，總算解決了洗澡的問題。

依照原定行程，是翌晨七時許搭火車去南昌，但旅行社說：香港方面是前一天才通知他們，因此火車票未買到，卻改買到一張翌日下午去南昌的機票。我本因不願搭飛機而改乘火車，想不到仍是要坐飛機，且是國內線的飛機，據說較飛香港的國際線飛機更差，因此心中老大不願，但亦無法可想，只有聽其安排而已。

由于這項改變，我在廣州的停留，遂多出了半天，我乃雇了一輛計程車，在市內兜一圈，並到各名勝如中山紀念堂、七十二烈士墓等處參觀。廣州街道，規模不差，以前我未到過廣州，不知是否戰前即係如此，抑是戰後建設。各名勝地方，也都維護完好，入門參觀，須購參觀券，而其價格，本地人、臺胞、華僑、外人各異。以各處之收費，作各處之維護費用，自給自足，自不失爲一良好可行之方法，但這似亦應用了資本主義之原則。反觀臺灣，甚至美國，一般觀光名勝，卻倒不收費。何爲社會主義國家，何爲資本主義國家，眞的把人弄糊塗了！

我們乘的計程車是一舊車，街上所見到的也都如此，沒有見到像臺北那麼漂亮的新車。進口車很吃香，國產車很差勁。我的司機是一年青小伙子，很和善，我一路與他閒談，原來他是一個個體戶，車子是向公家貸款買來的，每月須扣還貸款本利約二千元人民幣，車子每月油料等開支也約二千元，他每月可作六千元的生意，可獲利一千餘元至二千元。而照他所說：街旁爲汽車輪胎打氣、補胎及作小修理的破爛不堪的小店舖，每月亦可賺一、二千元，我聽了不禁咋舌，據說大陸一位大學教授，他的薪俸，不過二、三百元，祇及計程車司機的約六分之一，知識分子不值錢，這一不合理現象，如長期持續下去，將成爲社會不安、國家動亂的導因。中華民族，已歷經災難，實禁不起再來一次變亂，但願這祇是經濟開放的一時現象而已！

下午，旅行社派人雇計程車送我至白雲機場。我們所乘飛機是一雙螺旋槳飛機，可載客四十人，艙內設備簡陋，自不能與我們所常見的國際航線飛機相比，飛行途中曾供給一次飲料，即是市面所賣現成的罐頭。

傍晚，抵達南昌，機場航站雖不甚大，卻很整潔。大廳牆壁上書有全篇滕王閣序。當即搭乘汽車進城，約一小時抵達，一路鄉村人家，都在蓋新房子，有的已蓋好，大都是二層的做西式建築，土黃色，略帶紅，散落在田疇中，遠遠望去，頗爲美觀。田野青蔥一片，綠意盎然，與臺灣鄉村景色，並無二致。此種情形，其後我自南昌到九江以及九江鄉下，所見亦是如此。據說近年來，鄉村人家經濟情況已見好轉，故都紛紛蓋新房子，這可能是經濟政策改變的直接效益。

到得城內，天色已晚，但街上燈光暗淡，給人一種幽幽的感覺。我們停在火車站前，同行二人，即將購票轉赴景德鎮，遂也代我買了一張翌晨去九江的快車票，我遂請他們二人在車站前一家小館內晚餐。這是一家普通餐館，髒兮兮的樣子，如以臺灣的標準而言，怎能請人上這樣的館子，但我想這可能即是大陸最通常的飯店，而且附近別無他家，無可選擇，祇好邀請他們二人，一同入坐。桌凳油漬污垢且不必說，地下由於大陸老習慣喜將嘴中的飯菜餘渣，不吐在桌上而吐在地上，故弄得滿地狼藉，尤其是一雙筷子，已近黑色，我祇好不用筷子，而改用湯匙，湯匙是磁器，至少是白色的，感覺上舒服得多。同行二人，對此似乎已習以爲常，沒有甚麼反應。

他二人因須趕回景德鎮，匆匆用畢，即先離去。我一人尚在繼續用飯。此時來一穿著尚屬整齊的婦人，站在桌前，伸手欲取剩餘之菜餚，我在去大陸前即早已讀到這類報導，正自懷疑，不想竟親身遇到。此時飯店人員對此婦人大聲呵斥，她乃自懷中取出一張證明，原來這是都昌縣政府發給她的一份文件，大意是說：全縣因乾旱收成不好，祇好讓居民出外求援，希各方人士給予支持。我遂匆匆趕用完畢，並多要了一些飯，囑其安心食用，她又去門口把一個已長大的女兒亦帶進來，母女二人共用。

如果我的記憶是都昌沒錯，那是鄱陽湖濱的一個縣，依其地理位置，應是魚米之鄉才是，怎的百姓會如此貧困？

飯後，住入不遠的的南昌賓館，房間甚大，但陳設都已老舊。我的房間大約是在九樓，憑窗四望，一片漆黑，遠處有霓虹燈在閃灼，遂即搭公共汽車前往，那兒叫廣場，不過幾站路的距離，票價五分。廣場相當空曠，四周有頗爲宏偉的建築，但店家早已打烊，漆黑一片，路旁有擺地攤的，但商品不多，且都是頗爲低級的，偶有水果攤，所陳設之水果，都小而乾癟癟地，像是發育不全。燈光微弱，四周也因此暗淡，沒有臺北夜市那種貨色充斥、人潮擁擠的熱鬧勁兒。

南昌是五十年前我參加入局考試的地方，民國二十五年春，我在南昌參加郵務佐考試，其後不久，又參加郵務員考試。那時，適值南昌交通大廈落成，是一馬蹄形樓房，一邊是郵政管理局，一邊是電信管理局，中間爲停車場。我們的口試在即在大廈內，由當時江西郵務長劉曜庭氏面試，新房子，地板打了臘，很滑，加上心情緊張，有位考生進入劉氏房間即滑了一跤，應對時不免慌張，竟因而落榜。

我很想去交通大廈看看，經向多人打聽，方知現已改爲明德街郵政支局，當晚已不及前往，翌晨，乃利用開車前的一段短暫時間趕去，奇怪的是我腦海中當年的交通大廈，是那麼的堂皇，面臨的馬路，又是那麼的寬廣，而今眼前的這座大樓，竟是如此的平庸，馬路亦不過是條小街，世事多變，難道是我的心理或眼力也有變嗎？

這班車是南昌到九江的直達快車，車廂和臺灣的對號快差不多，對號入座。乘客水準不高，高聲談笑，服裝亦欠整齊，抽煙。擴音器中偶有報告或戲曲播出，總不脫一種定了型的宣傳口吻和語法。

三

中午，車抵九江，一下車，便見兩位中年婦女來接，口呼：「嬷嬷，嬷嬷」（九江土語，即：母舅）。多年不聽這種九江土語，乍聽之下，心中不免稍稍一怔，但旋即會意過來。面對這兩位從未謀面的外甥女，不覺哽咽。但隨即平靜下來。我國人習於感情內斂，不似歐美人之奔放。此種場合，換了他們定必擁抱一起，久久不放，將四十年的積愫，盡情迸發出來。我們的感情，由於長期內斂，最後甚至變得僵硬、冷漠。如果此時我去擁抱她們，而她們不大吃一驚，以爲舅舅瘋了，才怪！

我們旋即雇了一輛計程車去姨母處，姐姐、舅媽，還有其他親友，都齊集在那兒，大家見面，份外親熱。中午，一桌飯，坐得滿滿地，可說是四十年的團圓飯了。

九江市區原本不大，飯後即出來尋找往日的足跡，在臺曾遇到從南京、上海等地探親回去的友人，都異口同聲，說仍然是四十年前的老樣子，一成未變。然而，天啊！九江卻是完全變了，除了幾條新闢馬路外，街名、路名，雖然依舊，卻是面貌已非，我已無從辨識。我家老屋，原在巷內，現則面臨寬廣的大道，門前對院伸出的大棗樹，自也無影無踪了。若非家人指點，從何辨認，故鄉、故鄉，你在那裏，祇有獨坐窗前，冥思遐想了！

我的母校，是一所教會中學，在甘棠湖畔，校園內有寬廣的足球場，綠草平舖，四週植有樹木，其中不乏參天老幹，球場邊是一座大教堂，有著與歐洲教堂一樣的彩畫大玻窗，另一邊則是四層的教室大樓思穆堂。而今思穆堂頂層由於朽蝕過甚，已予拆除，其餘各層，亦已改供他用，被間隔得面目全非。教堂被改爲一般的會議場所，彩畫玻窗則已變成普通的玻窗，甚至木板窗，毫無教堂的風采。球場草地，亦失去了昔日的青蔥。校內舊日教師所住的西式小洋房，我們全班曾在這裏與老師共渡週末和聖誕夜的，今則成了大雜院，煤球爐擺到大門口來了。整個校區，前度劉郎，今日歸來，亦祇是似曾相識，依稀可辨而已！

我校緊鄰，原是一所教會女子中學，與我校是姊妹學校，現已將隔牆拆除，將二校合併，男女兼收。這一區域可說是九江的宗教區，基督教在此，除辦了上述男女二中學外，附近還有一所神學書院，兩所小學，一家婦幼醫院，一家綜合醫院。自歐風東漸以來，基督教來到我國，除早期發生一些不愉快事件外，教會不僅設教堂，且在各地辦學校、開醫院，故不祇是宣揚教義，且也作育人才、活人濟世，在我國現代化過程中，可說是發揮了積極和催化的作用。而今這地區，已看不到一絲基督教的痕跡了！

舊日惟一的一條商業街－大中路，現已改爲行人徒步區，行人不少，兩旁植有法國梧桐，濃蔭夾道，這是以前所沒有的，是一良好市政建設。商店則多是矮小的房屋，很少有戰前遺留下來的，我想可能是抗戰時日軍將九江的舊式房屋破壞殆盡，這些店舖都是以後搭蓋的吧。

據說目前可說是多年以來九江市面最繁榮、最熱鬧的時候，但依我看來，雖然行人熙攘，商店中的貨品卻多半都是低級品，更無像臺北街道那樣華麗的櫥窗，雖也有高大建築，但都是公家的。市內公車，已通至昔日鄉間的十里舖甚至廬山山腳的蓮花洞，而這一帶都已成爲工業區。長江大橋，亦在興建中。工業發達，按理商業自必隨之繁榮，市場也必定貨品充斥、熱絡而繁華。何以在九江、在南昌，我都感覺不出此種氣息？我的外甥女想買一架彩色電視，跑遍了九江市，亦買不到，後來我經過武漢，問了幾家，亦祇有黑白的，而無彩色的，眞令人不解？老百姓對彩色電視，視同珍寶。臺灣彩色電視產量甚多，如果政府能透過香港民間公司，大量銷售大陸，以平價在大陸各地直接供應民衆，以免中間商中飽，必可嘉惠大陸老百姓，加深其對臺灣的認識，較之空飄等當具有更大的實際效益。

姨母的住處，僅有一間房，洗澡須用木盆盛水，如廁則須用戶外的公共廁所，我本應陪她老人家住幾天，但實在擠不下，祇好住進旅館。由於別家旅館客滿，遂找到南湖賓館。它位於甘棠湖畔，是一家高級的別墅式旅館，圍牆內有甚大的院落與樹木，入門一條長長的通道，兩側植有法國梧桐，直通賓館大樓。這是一棟約五層的建築，晨起倚窗遙望，甘棠湖就在眼前，一片靜謐。一切都變了，沒有變的，祇有甘棠湖！

房間內有二張單人床，全套衛生設備（熱水定時供應），彩色電視，設備不錯，服務員態度也和善，餐廳很大，但菜餚不佳，分較好的與較差的二種，先付費後取菜，是式樣劃一的大鍋菜，拿來時有的已冷，且用餐有定時，過時不候，房價人民幣六十元一天，以當時官價一元約合臺幣八元計算，不過新臺幣四百八十元，甚是廉宜。但臺胞須付外滙劵，如付人民幣，須加半計算。惟當我付人民幣時，櫃臺小姐笑問：外滙劵是不是給親戚換去了？我點點頭，她也就算了，並未加半。

四

在九江住了六天，因我有一表弟家住武昌，遂搭輪前往武昌，傍晚上船，晚間船上有舞會，門票每張大約是人民幣二元，我本想去看看，但因累了，很早便睡了。船上的走廊。過道，都睡滿了人，有如難民一般，這種情形，仍與戰前一樣。翌晨即到了武昌。叫了一輛三輪車，逕至他家。表弟與我自幼同私塾，同高中，最是莫逆，行前我偶讀唐詩李益「喜見外弟又言別」，詩云：「十年離亂後，長大一相逢，問姓驚初見，稱名憶舊容。別來滄海事，語罷暮天鐘，明日巴陵道，秋山又幾重？」不覺有感。我們如偶然遇見，眞的會請問尊姓大名，而不敢立即辨認的。因將此詩寫成一橫披，並於其後加跋云：「余與禧弟爲姻表，自幼相聚，稍長，復同窗共讀，識見相侔。世事多變，其後余播遷臺島，兩地隔絕，今日重逢，已四十餘年矣。憶昔在校情景，誠有呂柏大夢之感，當年慘綠，今已白頭，偶讀此詩，尤多棖觸，因錄之並綴數語，以誌感懷，兼贈禧弟留念。」呂柏大夢，是美國早期文學家華盛頓歐文（Washington Irving）的一篇短篇小說，原文是（Rip Van Winkle）。大意是：呂柏是一懼內的好好先生，無所事事，一天，爲了躲太太的嚕嗦，帶了心愛的狗和一枝獵槍出門入山去了。漸行漸遠，聽到山中有隆隆之聲，原來是一群矮人在玩球。他喻吃了矮人的酒，睡著了。醒來時發覺槍上了銹，狗不見了，自己也長滿了鬍鬚。下得山來，似乎周遭都已改變，村中的人都不認識，幸好太太已死去，沒人再嘮叨了。原來他一睡二十年，這兒已從大英帝國的殖民地變爲美利堅合衆國了。這篇小說被選爲我們高一的英文教材，迄今猶在記憶中，我們的隔絕逾四十年，較呂柏之大夢，尤有過之。

武漢的市面似較九江熱鬧，商店中的貨品亦較多，間亦有稍高級的。我們去了黃鶴樓、東湖以及漢陽的歸元寺等處，古蹟維護得都還不錯。市區馬路有的亦甚爲寬廣，但不夠清潔。

武漢大學是當年我所嚮往的幾所大學之一。據告今日仍被列爲重點學校，因特地往訪。從外觀看來，無論教室、宿舍，都已陳舊，甚至破落。當然，我無法作深入的觀察，但即就外表而言，一座高等學府，給人的印象是如此，對我這心中曾懷滿了憧憬的歸來遊子，不免有些失落感。

市區的交通，主要靠公共汽車，但乘客衆多，車子一到，大家蜂擁而上，爭上車，搶坐位，就看誰的本領大了。從武大回來，在大門外等公車，陪我同去的表姪特別照顧我，對我說：「表伯，等會車子來了，你不必急，你可慢慢的等到最後一個上車好了。我會先上車替你佔好位子。以前我在校時是走讀生，最會搶位子，包你一定有。」果然，車子一到，他身手矯健，居然搶到一個坐位，讓給我坐。對他的熱誠、照顧，使我心感，也倍覺溫暖。但也不免有所感觸，從擠公車，搶坐位這件小事，可以看出一個社會進步的程度：美國家家有自用車，公車很少人搭，且不必說。即以他們上郵局、去銀行或到超級市場來說，莫不自動排隊，如果你不排隊，你會自己覺得彆扭，會自動立即改正，這種排隊—也即是守秩序的精神，令人佩服。又如汽車開到十字路口，如果路旁豎有Yield（讓）字樣的路牌，那怕是空蕩蕩的，並無車輛，也無行人，也必先停下來，而後再發動開行，這種守規矩、守秩序的精神，更令人佩服。臺灣目前雖尙不能做到這樣，搭公車亦尙不能做到大家排隊魚貫上車，但已無爭先恐後的情況，更未見搶坐位的情形，從這件小事，即可看出三個地方的差異。當然，衣食足而後知榮辱，車輛足夠，也是守秩序的另一起碼條件。

表弟所住的房子是由其服務單位配給的一戶新公寓，位於四樓，是他自己選的，由於前後距離大，陽光非常充足，這是臺北公寓所最缺乏的。這裏有數排連棟公寓，形成一個眷村，都是他的單位所建，配給員工居住。記憶中每棟大約有六樓，表弟的一戶，有三房一廳一廚一浴，廚房用桶裝煤氣，浴室則僅有蹲式如廁設備，浴盆及臉盆皆無，故須另行用盆洗臉及沐浴。這樣的公寓，一般說來，已算不錯的了。這樣的連棟公寓，武漢似還不少。

大陸居民，鄉村以土地爲依附，城市則以所工作之單位爲依附。戶籍遷移，特別是鄉村遷往城市，極爲不易。你的工作單位，不僅是你的衣食父母，也供給你的住屋，故如你的單位好，有錢，則員工不僅待遇好，且可蓋新房子，住的問題也可獲得改善。單位差，就無能爲力了。因此，每一單位，都設法兼作生意，以增加收入。我在九江時，曾搭街頭營業車去廬山遊覽，這部車即是九江某學院的校車，司機也是該校的司機，利用空閑出來載客，以增加學校與他個人的收入。回到臺灣，報載中共連軍隊亦在作生意，海軍甚至以艦艇運貨，眞是駭人聽聞。

員工生病或退休，單位可以派人照顧，員工有臺灣親人回來，可向單位請派車輛備用，故單位幾乎成了員工一輩子的依靠。

五

老百姓口中，對中共的治理，並不滿意，中共先標榜共產主義，後改爲社會主義，現則已退守到社會主義初階。他們說：天知道，何時能達到目的地。

我請教他們，以他們多年的實際經驗，社會主義，究竟有甚麼好處，一時間他們亦答不上來，但說：有社會主義的優越性。那麼，何謂社會主義的優越性呢，簡單說來，就是老百姓的生老病死，皆有所養。而這些，臺灣的公保、勞保，以及退休的規定，不都已辦到了嗎！大陸的農民，佔絕大多數，據說並不在這些優惠的保障之列。而臺灣的農民，反倒有農民保險。以農工起家的中共，豈非對農民缺乏一份照顧嗎。

這些日子，我親耳聽到大陸親友所述文化大革命以及大躍進等等運動期間的悲慘、離奇的往事，眞令人難以思議。前述我的母校——一所中學，曾在原有教師，設備絲毫未變的情況下，僅僅加蓋了一、二棟房屋，即改爲大學，其後覺得不妥，才又改回爲中學。鄉間的稻田，爲了表現成績，虛報收穫量，致使須按成上繳的數量，超過了實際的收穫量，農民全部收成，亦不夠上繳，祇有餓肚子，因此而得病甚至垂危的不知凡幾。正好遇到上級來實地考核，爲了避免拆穿西洋鏡，地方當局遂將有病容的農民集中起來，關閉在一處，不得外出，因此而活活餓死的又不知凡幾，這就是「大躍進」。至於文革，其倒行逆施，更是書不勝書了！我常想：毛澤東是一個舊文學頗有根柢的人，受中國文化的薰陶至深，怎的爲了維護一己的地位、一己的私利，而不惜爲害整個國家與民族？中國文化，眞的如河殤所說：已經衰落、已經衰敗了嗎？慈禧也是一位由中國舊禮教、舊文化所培育出來的女性，也爲了維護私利而做出荒謬的舉措，禍國殃民。這些是由於文化的衰敗、人性的弱點、制度的不健全、還是別的原因呢？這一問題在我心中盤桓，久久不能自己。

回到臺灣，打開報紙，又看到中共發射人造衛星，舉辦武器大展等新聞。這些尖端科技與國防工業的成就，的確使每一炎黃子孫，都感到驕傲。然而民生工業，卻又如此的荏弱，難道國防工業，不必以民生工業爲基礎嗎？即令可以全力、優先發展國防工業，這樣做，合乎經濟原則嗎？當然：如是爲了國防上的急迫需要，自當別論了！

六

政府開放探親，使兩岸得以交流，誠爲明智之舉，亦爲兩岸最後趨向合一的必要之舉。

因長久隔絕，會得逐漸自然產生歧異，導致分離的。在美國看到我國學生，一眼即可分出他是來自臺灣，抑來自大陸，毫釐不爽。又如臺灣用：「一定」，大陸則用：「肯定」；臺灣稱：「夫」、「妻」，大陸則稱：「愛人」。如此長久下去，恐怕國語亦要分家，有如英語與美語了。

我在九江曾向中國旅行社委託其向漢口旅行社定到自武漢至廣州的火車票一張，但到漢後旅行社黃牛了，幸好改買到一張次日的飛機票，又在漢託其向廣州旅行社定到一張當日廣九的火車票，因此順利抵港而按預定日程飛返臺北，結束了四十年來為期二週的故鄉行。

七十八年二月十一日郵光第二十卷二期
七十八年三月 五 日郵光第二十卷三期

再訪神州

自政府開放國人赴大陸探親後，我曾於七十七年秋返回故鄉——江西九江，探視親人，那時內子尚在公務機關工作，不能同行，故由我一人前往。同時由於時間的限制，僅去了九江一地及沿途的武漢、廣州等處，但由於我是採取自助旅行的方式，故爾能有較多的時間與親友暢談，得知四十年來彼岸的生活實況，故雖所去的地方不多，所見甚少，而所聞所感則甚多，回台後曾將所見、所聞、所感，寫了一篇「故鄉行」，刊載於郵光月刊。時隔兩年，大陸親友，有的已然去世，其中居住武昌的表弟，與我自幼同窗，最為莫逆，亦於年前物故，訪舊半為鬼，能不感傷？

這次因內子已於去年八月退休，故決定同行，探視雙方親人，她的大姊，亦與我們同去。我們原定九月底啓程，但因大姊是時尚在華府探視子女，直到十月中旬才返台會合，故行程不得不延後。路線方面，則儘可能先去北方，而後再由北而南，以配合南北氣候的溫差。

我們的首站定為桂林，我向此間旅行社買了三張臺北——香港的來回機票，但回程日期則未定。又買了三張香港——桂林的單程機票，去香港的簽證和去大陸的旅行證也都由旅行社代辦。

十月十九日，我們搭華航下午二時三十分的班機飛港，四時左右抵達，在機場略事休息，即轉搭中國民航七時四十分的班機轉飛桂林，八時四十分抵達，在途僅一小時，十分方便。內子的二姊在桂林，全家來接，並由其婿向服務的工廠借了一輛麵包車（即可坐多人之旅行車）供乘坐。四十年不見，彼此都不認識了，如非事先已有連繫，眞的會當面錯過。

桂林是一個中等城市，質樸無華，高樓大廈不多，卻富有田野風味。它的山水聞名於世，所謂「桂林山水甲天下」是。我們去了伏波山、象鼻山、疊彩山、蘆笛岩、七星岩等處。桂林的山，形狀非常奇特，多自平地挺拔而起，矗立地上，十分秀麗。所謂「岩」，則是岩洞，深入山中及地下，洞內非常廣闊，都是億萬年所形成的石灰岩洞，有石筍、石柱、石幔等，奇形怪狀，鬼斧神工，大自然的神奇，令人嘆爲觀止。

桂林市內，尙有榕湖與杉湖，也十分優美。

二姊全家，就住在工廠附近的宿舍內，這裡自成一個小社區，有小學，也有公共浴室，宿舍多爲四、五層樓的公寓建築，外表並不差，但內部則間隔得甚爲狹小，特別是廚房、廁所，幾無迴轉之餘地。廁所內僅有一蹲式的毛坑，其餘則一無所有，洗澡須去公共浴室，一天專爲男士用，一天則專爲女士用，如此輪流，男女一週可以洗三次，浴室內並無遮攔，大家裸裎相見。

桂林經漓江至陽朔，順流而下，兩岸風景，如詩如畫。由於適值淺水季節，須先坐一段汽車，而後上船，到了陽朔，再乘車返桂林。那天適逢天雨，雨中漓江，雖是別有情趣，但卻無法拍到好的照片，甚是可惜。

在桂林停留了四天，我們於十月二十五日搭機逕飛北京，上午八時四十分起飛，十一時到達，機票每人外匯券五百九十三元。如搭火車，軟臥票每人二百四十二元，但需一天兩夜，方能到達，時間上實不經濟。

走出機場，即見表弟來接。這位表弟，與我從未謀面，今日相逢，倍感親切。遂一同驅車進城。自機場至城內，尚有一段不算短的路程，馬路平坦，兩旁的行道樹，十分整齊而美觀，予人的感覺，自是與其他城市不同。

我們先到位於東郊的一家旅館，放下行李，而後即至表弟家，盤桓了一整天。翌日，方開始我們的遊程。過去，我的足跡，不曾到過中國北方，對這座具有悠久歷史的故都，心儀已久，今日親履斯土，自是欣喜非常。

北京，早在春秋戰國時代，即是燕國的都城，其後，金亦建都於此，元、明、清三代繼之也均以此爲國都，連續達八百年之久，是個不折不扣的「故都」。信步街頭，紅牆黃瓦（或碧瓦），隨處可見，古意盎然。然而，另一方面，卻又是一個極其現代化的都市，不僅道路寬廣平直，十餘層乃至幾十層的高樓大廈，亦比比皆是。而新舊之間，是配合得如此調和，毫無雜亂杆格的感覺。故宮前的東、西長安街，至少有十線道以上的寬度，貫穿東西，其直如矢，放眼望去，不見盡頭，而故宮居其中，前面則是天安門廣場。前門大街，置身其間，但覺氣派非凡，我國古代的建築規畫，確有其獨到之處。

我們在北京停留了兩個星期，除一般旅遊所去的：故宮、頤和園、長城、天壇、十三陵、雍和宮等處之外，還去了什刹海、北海、景山、恭王府舊址、郭沫若故居、香山、碧雲寺、臥佛寺、圓明園遺址、大觀園等處，市內則逛了琉璃廠，大柵欄等處，但據告還有一些風景名勝來不及去，北京眞是一個觀光勝地。

北京也是一個文化城，北大與清華，是我國二大最高學府，仰慕已久，因此特驅車前往。清華校園內，尙有一部分仍保持中式平房的古老建築，顏曰：「清華園」，令人發思古之幽情。記得抗戰前清華有一次入學考試的國文試題即爲：「夢遊清華園」，一時傳誦全國。北大與清華緊鄰，據告即是戰前的燕京大學，而北大的原址則已改作他用。我們原是乘車去北大，不想車子進門時竟遭擋駕，謝絕參觀，不管我們如何解釋，一再表明我們是來自臺灣，專誠造訪此一最高學府的，仍是不得要領。本將廢然而返，我忽然靈機一動，即將所乘的計程車退掉，步行至另外一個專供徒步出入的大門，在門衛一再盤問和我們的誠懇說明之下，終於勉強同意我們進去，但囑不可停留太久。事後我想一所大學，其門禁如此森嚴，實在百思不解，也許這是六四之後的加強措施吧！

北京的小吃很有名，東華門夜市中小吃很多，一絡邊長長的盡是小吃攤，南北風味都有，祇是沒有坐位，祇好站著吃，到也別有情趣。北海公園內的「仿膳」餐廳，有各式各樣的宮廷小點，每客人民幣五十元，則是最高級的了。

北京地區的遊覽，甚是方便，前門外有各式各樣的車輛可搭，一日五遊（五個風景點）、長城一日遊、承德三日遊……等等招徠的海報，前門外更多的是，我也參加了一個去承德的旅遊團。

承德在北京的東北方，有火車直達，車程大約三四小時，是當年清帝避暑的地方，清帝的行宮，稱作避暑山莊。承德的廟宇很多，著名的有外八廟，但目前僅開放五處。一到承德，便可嗅出一些塞外的氣息，街上的飲食攤，賣的多是牛、羊肉一類的食品，承德的風光，從最近的電視連續劇「雪珂」可見一斑。

十一月八日，我自北京搭火車去蘭州。從北京到蘭州，火車可分南北二線：南線從北京南下，經京漢、隴海兩線至西安，再西行至蘭州；北線從北京向西北行、經大同、呼和浩特、包頭、銀川而到蘭州。我本想走北線去，可以從火車上一窺塞外風光，不想臨時替我買票的人買了一張南線的車票，差之毫釐，謬以千里，不知何年何月，才能再有機會搭乘北線火車了！

我的弟弟，原在蘭州作醫生，文化大革命末期病逝，弟媳及其子女則留在蘭州，我們從未謀面，此番初次相見，自是十分興奮，欣喜非常。

蘭州地方不錯，蔬果甚多，現已成爲西北的工業城，故空氣污染甚重，是一問題。此地區在中國古絲綢之路上，西去即是敦煌，我原想繼續西行，但因天氣已趨寒冷，且時間有限，祇好放棄了。

在蘭州停留了兩天，即搭火車去西安，由於西安沒有熟人，爲恐臨時找不到旅館，故將這段旅程，包括代購火車票及代訂西安旅館等，均委由蘭州中國旅行社代辦，一切還算順利。十一月十二日晚登車，翌晨十一時左右抵西安，旅行社有人來接，住入位在市中心的新世界酒店。

西安是一個古老而又規畫得十分完善的城市，市區馬路都是直線，彼此垂直相交。鐘樓位居市中心，東、西、南、北四條大街自此分向四個方向伸展出去，十分整齊。我所住的旅館，即在鐘樓附近，交通甚爲方便。

西安是我國著名的古都，古蹟甚多，城內有大雁塔、小雁塔、鐘樓、鼓樓、碑林等等，城外向東到臨潼，這一線有華清池、秦始皇陵、秦兵馬俑博物館、半坡博物館等。向西北一線有乾陵、昭陵、永泰公主墓等。據告尚有向西一線，有法門寺，楊貴妃墓等；向北一線，可到黃陵。因時間不及，後二線我均未去。

碑林集我國歷代碑刻之大成，眞是漪歟盛哉。秦兵馬俑則早已揚名中外。半坡博物館展示的則是掘出的史前該處先民居住的設施等，即就原地展出。華清池在驪山山麓，西安事變時蔣委員長曾駐蹕於此，一排房屋，居中一間爲委員長辦公室，兩旁一爲會議室，一爲委員長臥室，再兩旁似一爲侍從室主任室，一爲侍衛室，各室陳設，均仍原樣，看來都極樸素簡單。想起前年在廬山牯嶺參觀　先總統所住之別墅，其中陳設亦甚簡樸，此種精神，令人興無限之敬仰。

在西安停留了四天，我的下一目標，是遊覽三峽，此時有兩條路線可走，一是先去成都，而後重慶，再順流而下；一是先去武漢，再溯江而上。由於這兩線的交通資料，在西安都無法獲得，以致無從作一決定。最後，因武漢方面有親戚在，遂決定先去武漢。於是我仍委託中國旅行社代辦西安到武漢的行旅事宜。

十一月十六日我搭晚間九點十五分的火車，次日下午五時到達武漢。詢問之下，方知長江三峽的外賓旅遊船，因時已入冬，遊客稀少，減爲十天一班，最近的一班，已於前一日開出，須等候九天，方能搭上下一班船。至於當地的旅遊團，因報名者少，亦已停辦。至此三峽之旅，似乎已無法實現了。但我想到了武漢，如不能去三峽，豈能甘心！尋思者再，忽然想到既無旅遊船可搭，何不搭去重慶之客運船，不是一樣要行經三峽嗎？於是急忙到江邊輪船公司窗口買了一張去重慶的二等艙（無頭等艙）票，於十九日下午三時登上江渝號客輪，駛向重慶而去。

二等艙是二人一間房，被褥等都還整潔，另有洗澡的地方，還有一間相當大的休息室，位於船首，可以眺望江景，可說是很不錯的了。票價自武漢至重慶人民幣二二七元，我以臺胞證購買（當地同胞購買，須出具機關證明），故須用外匯券。

二十一日凌晨四點，船到宜昌，不久，即進入葛洲壩，這是一座橫亙長江的水壩，有了它，我們這條中型的輪船才能直駛重慶。船入壩後，後邊的閘門關閉，上游的水，仍不斷流入，閘內水位漸高，至與上游水面相平時，船即駛出閘外。此時天方破曉，開始入峽，但見水波不興，祇有粼粼的漣漪，而沒有江水的澎湃，看起來不像是江面，倒像是湖泊，我想這都是由於有水閘攔水之故，也因此長江上游，已不復有險灘了。

這一天，船整天都在三峽中行走，先是西陵峽，而後巫峽，最後是瞿塘峽。層巒疊嶂，每每在山窮水盡之處，忽又峰迴路轉，豁然開朗。我們是逆流而上，想到順流而下時：朝發白帝，暮宿江陵，猿啼未已，而輕舟已過的情景，心情正與古人相合。

二十二日凌晨七時，船到萬縣。二十三日上午十時許，船到重慶，在途共五天四夜。

抗戰末期，我自浙江郵區奉調郵政總局考績處，那時總局在重慶南岸的黃桷埡，直到勝利後方遷還南京，故我在黃桷埡，也待了兩年多，相隔雖已四十餘年，但記憶猶存。抵達次日，即由親友陪同，驅車逕去黃桷埡，尋覓當年總局的舊址。

我們先到南岸海棠溪，然後逕駛黃桷埡，沿途打聽了好幾次，終於到了黃桷埡，但四十年的變化太大，我竟然無法辨認。不過我記得總局是背倚南山，而南山之巔，有座文峰塔，這是不會改變的。我看到了文峰塔，但站立在南山之麓，我依然辨認不出何處是總局的舊址。幸好那兒有一所「重慶郵電學院」，在學院中找到一位老者，相談之下，才知他正是當年來此接收郵政房舍的，經他的指引，原來總局舊址，就在學院的斜對面，祇是房屋已完全傾圮，又另蓋了一些房屋，加上雜草叢生，故已完全看不出昔日的痕跡了。老者帶我至半山腰，樹木叢中，尚殘餘有昔日的兩棟宿舍，外表雖難以辨認，但內部的間隔則仍舊，故可確認無誤。我爬到文峰塔下，在總局後方原廣益中學的操場上，俯瞰黃桷埡，雖廬舍全非，但山川形勝，一如疇昔。前度劉郎，不勝今昔之感。

重慶市內都郵街的精神堡壘已改爲一座紀念碑，原郵匯局已改爲一家銀行。

我在重慶祇待了兩夜，便仍搭船返回武漢，下水船祇花了三天兩夜的時間，便到了武漢，見到益哥與益嫂。稍作勾留，便搭機直飛南京，其間曾與內子同回故鄉九江探視親人。九江的姨母，已九九高齡，身體日趨孱弱，明知已不久，卻又無法可想，祇有仍依原行程，再返南京。

在抗戰勝利還都後到播遷來臺前這段期間，郵政總局係與交通部合署辦公，交通部大廈位於南京中山北路三牌樓，與鐵道部大廈相對，這兩座巍峨大廈聳立於中山北路上，非常醒目，總局同人的宿舍－建業邨也在三牌樓的一條巷內。

一到南京，我立即驅車前往三牌樓探視，這些建築，因其本身都非常堅固，故雖歷經四十多年的風霜，仍然還保持原貌，祇是中山北路上的行道樹都已長成，十分茂密，景觀上與往日不同而已。

據說：南京的行道樹是全國聞名的。當我們驅車去中山陵時，一路的行道樹，非常整齊，兩邊的樹枝，且已伸展到馬路上空，相互交錯，形成一個弧形，濃蔭蔽地，夏日車行其下，可避免日光的曝晒，十分舒適。

南京的名勝古蹟甚多，但這次給我印象較深的，卻是中華門的城門。這座城門，裏外共三層，稱爲甕城，城牆非常厚實，城牆上很寬廣，足夠操練士兵，城磚也是特製的，非常結實，而且巨大。南京的城牆，周長三十三公里，也大部分保存。除南京外，此次旅程中，祇有西安，可以看到城牆，漫步其間，令人發思古之幽情。

夫子廟已經過整理，街道清潔，秦淮河的水，雖非清澈見底，倒也不是臭氣撲鼻，比起以前，似是經過淨化的了。夫子廟的點心，據告頗有名氣，每客人民幣二十元，那天我們一共五人，由帶我們去的親戚作東，衡諸他們的月入，這是一個不小的數字，盛意使我們實在不安。

我們在南京，共待了約十天，其間曾去鎮江一行。童年時我家曾在鎮江住了數年，我在江蘇省立鎮江中學（其後改爲鎮江師範）唸初中，校址在鼓樓崗。此次最大的心願，便是前來探訪母校，不想卻是大失所望，原來在抗戰時，母校即爲日人所毀，迨勝利復員，祇得另外遷地復校。而目前的鼓樓崗，已是人烟稠密，無復記憶中的小橋流水，更無處覓往昔的蹤影了。

南京的新式建築不少，親戚所住的房屋，即是一幢高十餘層的公寓，上下有電梯，建築物之間，距離甚大，可以充分享受陽光，不似臺灣之密集。屋內二房一廳，房甚大，而廳則甚小，大陸的公寓，多係如此，據告，今後新建公寓，將改爲廳大房小，如臺灣的一般。而最大的缺陷，則是沒有沐浴的設備，且水管等均是裝在牆外，甚不雅觀。但整個建築的外觀，仍然不錯。

十二月九日，我們離京赴滬，在京看到內子僅存的長輩 — 七叔、七嬸以及諸弟妹們，眞是難得，弟妹們除了借車供用外，還到站相送，盛情可感。我們搭的是八點十五分的一列旅遊車，這是京滬線的最高級列車了。設備不錯，票價似是人民幣三十七元，中午十二時許到達上海。

上海是我舊遊之地，童年時曾在上海光華大學附中初中部唸過一學期。抗戰期間，我隨九江郵局經滬回潯（九江）恢復局務，曾在管理局樓上辦公室工作了一段時間，故對上海印象很深。

由於上海市區的馬路及建築都早成定型，無從改變，故市區內仍能保持過去的老樣子，除了先施，永安等大百貨公司已成了大衆化的商場，無復昔日風光外，其餘似乎改變不多。我曾在幾條著名的馬路上閒逛，似乎仍能感受出一些昔日的韻味，也許是拜亞運會剛完不久之賜，街道都甚清潔，尤其是霞飛路（現名淮海路），似乎是受到加意的維護，手纏紅布條的清潔人員，不多遠便有一個，垃圾桶更不必說了，因此整條街分外的乾淨，這與內地一些城市，眞是不可同日語了。

由於一路勞頓風寒，內子此時忽發熱咳嗽，經友人介紹，遂去新華醫院就診，同時不得不多住些日子，以便調養，因此我們在上海停留了約半個月之久。

新華醫院是一所西醫醫院，是上海幾家大醫院之一，在大陸就醫，有兩點甚覺可取：其一是醫生處方，都用中文；其二是看完病後，即將病歷一份交病人帶回。這與中醫開脈案處方的處理方式，正復相同。西醫也使用中藥，內子所服咳嗽藥水，即係由中藥製成，頗具療效。

就商店的陳設來講，我們沿途所經城市中，仍以上海爲最高級，餐館的菜餚，亦以上海較爲精細。梅龍鎭菜館，據說是目前上海最負盛名的一家，座無虛席，必須事先預訂，方不致向隅。我們前往品嚐，一行九人共費人民幣三百五十元，餐館的裝潢、服務方式及菜餚品味，可與臺北一般的餐館相比，與大陸一般餐廳之大衆化食堂的服務方式不同。

利用內子在滬養病的空檔，我一人去了杭州。抗戰期間，我曾在浙郵管理局麗水辦事處工作數年，很希望能見到一些老同事。終因事前未聯繫好，臨時又無法打聽，未能如願。

西子湖的確是風光旖旎，秀麗動人。西湖的風景點甚多，但我以爲最佳去處應是蘇堤與白堤。那天一早，我們雇車去六和塔，近午回城時我在中途下車，信步閒逛，不覺到了花港公園，那時正值濛濛微雨，自花港遠眺蘇堤，一片輕霧濛迷中，垂楊低掛，輕舟欸乃，而近處魚池，則群魚唼喋，無畏遊人，恬靜幽閒，眞可以入畫。

從杭州到蘇州（或無錫），可搭輪船經運河前往，傍晚七時開船，翌晨七時到達。在杭州待了四天，我即搭輪船前往蘇州，我的計劃是凌晨到蘇州，遊覽一天，傍晚即可搭車回上海。這個計劃甚好，無奈人算不如天算，小輪在運河中行至半夜忽遇大霧，不能前進，祇好停下來，直到次日中午，才霧散開航，傍晚五時，才到蘇州，我的計劃，完全泡湯，祇好連夜搭車回上海再說。

回到上海，我遂參加一個當地的旅遊團，再去蘇州，當天回滬，蘇州各名勝，總算走馬看花，去了一次。

著名的虎丘塔現在已成斜塔，據告其傾斜度爲二點八，較比薩斜塔之二點三爲大，如此說來，虎丘應是世界第一斜塔了。

難得的是在遊寒山寺時，導遊破例特別帶我們去看了唐張繼「楓橋夜泊」的楓橋。想到今古異趣，整個環境，已截然不同，即令作者復生，再泊楓橋，恐亦無由引發當年的靈感，而作出如此的千古絕句。

我們此次大陸之行，走過了南北九省，總算以自助的方式，完成了此行。親戚們的熱忱接待，可以看出他們是出自心底的歡迎，令人感動。兩岸本是一家，是無法分彼此的。在北京時，適三弟自莫斯科歸來，道出北京，六弟則專程自山西榆次趕來，與原在北京的五妹及我，兄妹四人，在闊別四十多年歷經艱險後，終於聚晤，眞是想不到的事。在杭州時，又與四妹一家相見。而內子在上海時，其二姊自桂林趕來，三姊自香港趕來，與原在上海的另一堂妹連同內子及其大姊共五人，姊妹劫後重逢，歡愉可以想見。親戚們的日常生活：衣與食的方面，與臺灣已無何軒輊；行的方面，公共汽車，的確很擠，而計程車則又太貴，好在他們都是腳踏車的能手，都以腳踏車代步，既可運動，又無污染，豈不反較汽車、摩托車爲佳；住的方面，北京、南京，亦有甚多十餘層的高樓大廈，外表甚是巍峨，祇是內部間隔（例如：大陸是房大而廳小，臺灣則是房小而廳大）與建材不及臺灣的合適與高級化，特別是缺乏浴廁的設備，甚不方便，但這些都不難改善；且據悉他們今後新建公寓，亦是朝改進的方向發展，故在日常生活方面，經過十年經濟上的開放，彼此已無懸殊的差別。

但在政制上的何去何從，卻是關係今後的根本問題。我因在各地乘坐車、船旅行的機會，接觸到不同的人士，我覺得如以年齡來分，則年紀較大的與年紀較輕的多有不同的看法，較大的多設法爲現實辯護，年輕的則多極端不滿現實。有一次，我的堂妹與其子陪我同遊頤和園，堂妹已六十多，曾任教育方面工作；其子約在三十左右，是一科技工作者。我們三人邊逛邊聊，不知怎的談到當前大陸的政制。堂妹說：現在是多黨合作，一黨領導；其子立即接說：這樣不夠，要多黨競爭才行；堂妹亦立即接說：我不贊成。他們母子間這一簡短的對話，兩代間意見的歧異，可以概見。而更較年輕的一代，則因對現實絕望，而又無法突破，一些人因此日趨消極，甚至消沉，因而想盡辦法，甚至不擇手段，祇求能夠出國，脫離此一環境。一般說來，人們雖然求變，但也求安定，甚至「更」求安定。如何在安定的前提下，求得改變，以達成合理的政制，開萬世之太平，是今日最值得深思的課題！

我於聖誕前日離滬搭機去港，機票外匯券八百元。這幾天旅館中聖誕樹燈光燦爛，也可聽到聖誕歌聲，夜間更有舞會。到了香港，一水之隔，卻有如另外一個世界。十二月底回抵臺北，不久即是農曆新年，有一付春聯借用顧亭林詩句道：「遠路何須愁日暮，老年猶自望河清。」遙企北國，白雲深處，不盡依依！

八十年五月卅一日鄉人天地二五五期
八十年六月三十日鄉人天地二五六期

一封無法寄達的信
——給端弟

端弟：

別來已三十一年又八個月，你最後的來信，我在信封上所蓋收到日期戳是一九五九年六月二十二日，以後即不通音訊，到今已二十一年又一個月，在這漫長的歲月裡，雖然常在思念中，總以爲你們生活平安，兩地睽違，也是無法可想的事，祇有任之而已！

七月二十日凌晨，從棣棣的電話中，不想得知的消息竟是你已去世，這眞是一個晴天霹靂，驚破了我長久以來一廂情願的想法，想不到你竟如此匆匆，先我而去，滬江一別，竟成永訣，從此陰陽兩隔，在這個世界裡，天涯海角，再也無法見到你，端弟，你比我差不多小了十歲，尚在盛年，怎的竟走得如此的快，使我們弟兄不能再見一面呢？

屈指算來，我們弟兄相聚的日子何其少，除去孩童之年，就祇有抗戰期間，是最值得回憶的一段日子，可惜由於戰時物資缺乏，竟沒有留下一張生活在一起的照片，當時情景，而今衹有在回憶中來摸索。

記得那年，我帶同你和母親，一同脫離日寇魔掌下的故鄉——九江，來到後方浙江麗水，是何等的高興。你就讀於麗水一所最好的小學（浙江省立處州中學附小），那時你才不過十歲左右，不久，你小學畢業，而且是以第一名的優異成績畢業，媽媽和我，都非常高興。其後，你進入碧湖浙江省立聯合初級中學（簡稱聯初），當時聯初與聯高，是浙省兩所最好的中學，也同在山水清幽、純樸寧靜的碧湖，那時敵機不斷狂炸麗水與碧湖，一片瓦礫，我們母子三人，逃過多次轟炸，事後想來，眞是幸運！

記憶中仍然甚爲清晰的一幕是：在碧湖我們避難在一間民房中，那幾天日機連續來襲，一天凌晨，我們有預感日機必將來臨，於是趕忙逃往郊外，但母親卻怎麼也不願離開這間房子，認爲沒有甚麼關係，寧可一人守家。最後，衹好讓母親一人留守，我們則向鄉間疏散，不想行至中途，即聞隆隆之聲，日機已編隊來襲，炸彈都落在碧湖的方向，如此一整天，傍晚警報解除，急忙回到居處，才進巷口，即見我們居屋牆壁已被炸倒塌，大吃一驚，入內一看，母親竟安然無恙，原來牆壁是向外倒坍，如果是向內，則一切都完了！

在浙最初幾年，住在麗水，可算是戰亂中生活最安定的幾年，其後日寇侵擾，我們又衹有到處逃難，起初逃到碧湖、松陽，而後又轉往龍泉的一個小村鎭蓋竹，更向西逃至福建的南平、永安，等到戰局稍定，再又回到蓋竹，流徙顛沛，飽經戰亂，母子三人，相依爲命。

在你初中畢業的那年，我奉調重慶，於是我們從濱海的浙江，取道西南、長途跋涉，而至重慶。我與母親住在南岸的黃桷埡，你則考入國立九中，祇有寒、暑假回家，與我們同住，戰時生活，十分艱苦。

勝利後我們回到南京，你則轉入金大附中，畢業後你本已考取北師大歷史系，我以你的中文基礎，並不見佳，學歷史恐非所長，你也接受了我的意見，而重新考進了同濟大學醫學院，一九四八年年底，那時我已結婚，棣棣才三個月，我一家和母親離開滬上，你因已入校就讀，未與我們同行，想不到竟成永別！端弟，我眞後悔，那時爲何不帶你同走？而你又是如此的緘默，完全聽從我的安排，毫無不同的意見。端弟，你是否怕與我們同行，將增加我的負擔，因而不願有所表示呢？抑或是你那時尙無對此等事作決定的能力，因而完全聽從我？總之：此事我的決定是錯了，一切由此一錯誤而起，追悔莫及，夫復何言？

那年，姨母的孫子來我家，要我請你轉告姨母他已來到我家，以免姨母掛念，我寫了信告知你，不想卻因此替你惹來麻煩，從此音訊隔絕，且使你含冤莫辯，折磨至死，這又是我一大錯誤，我雖不殺伯仁，伯仁由我而死，思之痛心。

你歷年寄來的信，我都保存在這兒，今天我又將它們取出，依照日期先後，再讀一遍，往事歷歷，如在目前，從來信看來，我們離滬後，你在校中，一切都很好，一九五四年你完成學業，與君照結婚，難得的是君照也是你多年習醫的同學，當時接得來信我們非常高興，還說媽媽的眼病，以後可由兒媳替她老人家看了，如此看來，當初我的決定似也並沒有錯，蒼蒼者天，你的盛年早逝，是誰的過錯，孰令致之？

翻開照相簿，我終於找到了你的一些零星照片，但都沒有日期，且多是童年時期的，幸好還有幾張在南京時拍的，這是我最熟悉的樣子，也是我們分別時你的模樣，我已送請照相館設法放大，我將把它懸之廳堂，與爸、媽的遺像掛在一起，長與我們爲伴，不再分離。魂兮有知，盼你能飛越關山，前來入夢，一敍離別，一敍前情！

日前接到三個姪兒和君照的來信，這是二十一年來的第一封信，已見不到你的筆跡，一家人都圍攏來細讀，熱淚潸潸而下，天南地北，死別生離，端弟，我們已聯繫上了，你放心吧！

人生有如夢幻，是耶、非邪!?三十年往事，有如昨日，又似隔世。君照說你原患有高血壓之症，我也害一點高血壓，歲月催人，非復當日年少。從姪兒們的來信中，可以看出他們都能自立，且是立志向上的好青年，事母至孝，這些都是以慰你於九泉之下，遙企塞北，不覺悲從中來，不能自己，但望能早日帶同兒輩，來至墓前，親爲祭掃，以當覿面，今日遙爲祭奠，誌我哀思，不知冥冥中你可知道也乎!?

六十九年七月二十二日于臺北

畢業典禮

老大學校裡寄來一張六年中惟一的請帖，說是：×月×日舉行畢業典禮，請貴家長蒞臨觀禮。棣棣已是中學畢業了，想起他在南京新街口附近一家醫院裡呱呱墮地時的情形，一晃已是十八年了。棣棣一出娘胎便重量不足，祇有五磅半，大夫臨時在我身上抽了一些血，爲他注射，出生才三個月，南京的局勢變得很緊張，就嚐到了逃難的滋味，由南京逃到上海，那時下關車站旅客擁擠，秩序很亂，這個甫臨人世的嬰兒，是被當做手提包般從窗口塞進車廂的。到了上海，又搭輪來臺。今天看到他已受畢中等教育，而且上台受獎的還有他一份兒，心中自有一種安慰和喜悅。

禮堂中碰到他的導師，他一直和我說：「棣棣的身體不太好，不要太用功了，身體要緊。」這倒是一位難得的老師，他沒有要學生補習，倒也罷了，還勸學生不要太用功，注意身體，至少，在升學熱的今天，這是難得聽到的話。

的確，雖然已經畢業了，可是更緊張的一場白熱戰就在後頭，每當我看到棣棣坐在他的長方桌前「啃書」，我總是提醒他要休息休息。

我說：「啃書」，因爲這完全是爲了應付考試，並不是對於所看的書，有甚麼特別的興趣，我眞擔心這樣「啃書」比賽，會使學生們對於讀書倒盡胃口，反而淹沒了眞正的興趣，使它永遠不會恢復。然而：升學競爭是那麼激烈，又有甚麼辦法不讓他「啃書」呢？其實，比起「惡補」來，自個兒「啃書」已經是「棋高一著」了！

可是，學生們花了這麼多的時間，付出了這麼多的精力，所得到的是甚麼？不過是通過一項升學考試，跨入了大學之門而已。多半的時候，可進入的大學或科系，還不一定是他們的志願。爲了跨過這一道門檻，所付的代價，眞是太高，高得幾乎成了精力的浪費。如果升學無須爲此劇烈競爭，學生們能把準備考試的這份精力，保留到入學以後，用於眞實的學習和研究工作上，那該多好。這種精力的浪費，眞是不可估計的損失，尤其是對於正向高深學問起步的青年，好像是故意要先給他們來個「下馬威」似的。

就算是考取了，進了大學，又怎麼樣，還不是爲「出洋」做準備工夫，廿年來，我們的大學教育，似乎一直是「留學」的預備教育，眞是：「自古已然，于今爲烈」，好的學生送往國外，替別人培育人才，自己學術始終無法獨立，白忙了好一陣子，到頭來還是一場空，眞也夠「傷感」的了！

我也想的太遠了，這才是中學畢業典禮，還早的很哩，就說眼前的「典禮」吧，今夏我已經參加了幾個畢業典禮，有中學的，也有大專的，但典禮的程序，卻都是一樣，訓話、致詞，一個接一個，眞是懶婆娘的裹腳布，好像是三四年來學生們聽得還不夠似的，硬要在畢業時補上「最後一課」，隆重則隆重矣，其如乏味何。

記得我在中學畢業時，因爲那是一所教會學校，所以在畢業時舉行了一個特別禮拜，平常的禮拜，同學們參加與否，完全自由，但畢業禮拜，畢業班的同學都要參加，禮拜的節目，也和平常差不多，祇是由畢業班挑選了幾位會唱歌的同學擔任唱詩的特別節目，禮拜完畢，禮拜堂前寬廣的草坪上，樹蔭下，東一堆，西一堆，大家隨意交談，十分輕鬆愉快。

幾年前，我在菲律賓有機會參觀菲律賓大學的一項畢業儀式，是在操場舉行，全由女生擔任，用一條花編成的長索，由本屆畢業女生，全體穿白色禮服，列隊帶了這條長索步入操場，同時，三年級（就是下屆畢業班）女生全體穿淡紅禮服，從另一方向進入操場，雙方彼此交錯繞行，並由畢業班同學，把花索交與三年級同學，表示惜別，也表示把同學之愛，傳給下一屆，整個過程，煞是好看。

我並非有意鼓吹宗教的或這種特別的儀式，而是說畢業典禮，似乎可以改得輕鬆活潑一點，至少可以減少一些冗長的訓話、致詞之類，那麼，留給學生的印象，可能要深刻得多。

這是一個極小的問題，可也反映著我們教育的特色！

五十五年八月于臺北

母親

民國五十七年十二月五日清晨二點五十分母親病逝於臺北郵政醫院。

這次住院時間並不長，但這幾年來，她的健康情況，一直是走下坡，筋骨酸痛，站不住、坐不直，總是睡的時間多，自從上次發熱住院，因爲睡多了，也由於我們的不善照料，生了睡瘡，瘡口腐爛，越來越大，臨終前幾個月，著實受了不少苦楚，婷和我白天上班，衹有下班後才有時間照料，替她洗換，這段時間，想起來眞夠她老人家受的。

抗戰不久，母親就隨我離開故鄉，東奔西走，不覺已三十多年，她終於走到人生的終點，自從母親離去，我驀然間有一種失去蔭蓋的感覺，一種孤伶的感覺，我陡地覺得自己是老大了許多，也隱隱覺得對人生似乎更多了一層了解。失母何恃，這時才體驗出這句話所指的情況。

母親的脾氣並不怎麼好，十分急躁，我們受到她的遺傳和影響也有這個傾向，因此家中時常會大聲爭論，甚至爭吵，但母親秉有外祖父那份吃苦耐勞、堅忍好強的精神，也著實使人敬佩。也靠了她的這種精神，才使這個家在困苦中能堅持下去。

我唸高中的那幾年，家中經濟情況不好，父親長年在外，家裡經常祇有母親、端弟和我三人，母親辛勤度用，還要張羅我們的學費，我高中三年的學業，得以如期完成，母親的心血實在花了不少。那時，我們住在九江的倉巷，去姨母家不遠，常相往來，每年我生日，母親總要弄些菜餚，有時還要去姨母家拜候。這年生日，家中拮据，因此也不預備弄甚麼了，還是姨母得知，臨時提了些肉來，才湊合過去。這段期間，家庭的困窘、母親的心情是可想而知的，然而她老人家終於撐持下去，直到我的學業告一段落。三十多年前的往事，如在目前，而她老人家已經逝去，思之不覺酸鼻。

抗戰期間，故鄉淪陷，母親和端弟隨我轉至浙東，在麗水住了一個相當長的時期，端弟則在位於當時浙東文化城碧湖的聯初肄業，其後我們也都遷到碧湖。這時，日機轟炸甚烈，一大早我和端弟便疏散到郊外躲避，天黑才回家，母親是宿命論者，認爲死生有定，又不願跑，堅持守在家中。一天，我們才步出碧湖一條惟一的街道不遠，日機便成群來炸，終日輪番不斷，傍晚回來，一進巷子，便發覺我們所住的這家牆壁被炸倒，吃了一驚，進門一看，幸好牆是向外倒，屋中人因此並未受傷，母親也安然無恙。抗戰八年，東西轉徙，終得平安渡過，眞是上蒼保佑。

五十七年農曆大年初一，我因事去日本，母親坐在籐圍椅中，臨行分外叮嚼，似有自知身體不好，盼我早回之意。回來時我還特意從日本日光東照宮帶回一個長壽金杯，祈她老人家健康長壽。那時她的身體雖已很弱，但還是不太壞，不想到了夏天，腿部丹毒復發，因而發生高燒，身體越來越差，終至不起。

母親逝世後之第七日，卜葬於臺北三張犂之山陽，母親在日，喜歡庭院開濶，這裡遠峯隱現，視野遼遠，想她老人家定必合意，但願安息斯地，不要有異鄉之感才好。

五十八年記於母親八二冥壽

退休前後

打從我進局那天起，便知道終有一天要退休，我不可能終老斯「局」，以迄「魂歸天國」的。然而：退休的日子，似乎遙遠而不可及。直到退休前半年，調到本局另一單位時，常和老朱在一起，老朱和我，「官階」相若，又是同一天退休，口直心快，一見面便拉開了嗓門，半開玩笑地說：「還有……天，扣除星期例假，祇有……天上班了！」他那低沉的音調，加上倒數計時的方式，是惋惜、是慨嘆、還是無可奈何，複雜的心情，也感染了我！

日子過得似是特別快，一瞬間，到了退休前一日，才憬然被邀參加惜別會，記得以往也參加過不少別人的惜別會，而今終於輪到自己，步入禮堂，走上講台，才覺到已是到了在局服務的最後時刻。惜別會中本局歌詠隊還唱了李叔同先生的「送別歌」，這是一首入局前在校時就已十分熟悉的歌，無論歌詞、旋律，都十分動人：「晚風拂柳笛聲殘，夕陽山外山！」此時聽來，另有一番感觸。

我於民國二十五年六月十六日入局，至本年三月一日退休，共在局服務四十六年八個月又十六天，如按四捨五入方法計算，可算是半個世紀。記得二十五年春，我在高中最的一個學期，一天，布告欄中貼出某國營事業招考的消息，我和校中同學共三人遂報名並前往南昌應試，錄取傳用入局後，才請假回校參加畢業會考，從此與這個事業結不解緣，直到退休。

入局不久，即被調往江西海會寺（九江與星子之間）工作。此處當時為政府訓練重地，七七事起，蔣委員長即在此召集會議，宣布抗戰。鄱陽湖畔，五老峰前，氣勢雄偉。地傑人靈，已孕育了抗戰最後勝利的徵兆。

未幾，我工作的地點——九江淪陷，乃隨局撤遷至吉安，幾個月後，又經由上海仍回九江恢復局務。奇怪的是：我們雖在淪陷區，一切卻仍由在後方的我政府指揮，而以上海為經轉站，此種情況，維持了好幾年，一直到太平洋戰事爆發，才有所改變。

大約半年的光景，我又奉調到後方的浙江麗水，能自淪陷區調到後方，心中自是十分高興，乃不顧道路難行，奉母攜弟，動身前往，猶憶經上海和抵寧波時，見到多時未見的我青天白日滿地紅國旗，不禁雀躍，感從中來，潸然淚下。

其後，敵人又侵襲麗水，我們乃疏散到浙江省西南角龍泉的蓋竹村，此地處群山之中，雖然交通不便，但村民淳樸，同事間又是患難之交，大家和樂共處，有如世外桃源。

三十一年，我參加高考及格，翌年，奉調重慶事業總機構，乃從蓋竹經福建浦城西行，到了南平，闊別了多年的柏油馬路，終又見到。南平富有南國情調，雖在戰時，仍不失其丰采，從山中來的鄉下人，到此眞有「進城」之感。

從南平經閩西入贛南到曲江經湘桂路轉獨山經貴陽而抵重慶，這是抗戰時通往東南的一條大道，入局多年，得能到總管理機構，心中高興，自不待言！

三十四年抗戰勝利，敵寇投降，我們在重慶南山，也分享了陪都勝利的歡欣。不久，隨局方買棹東下，「即從巴峽穿巫峽，便下襄陽向洛陽。」也分享到老杜的喜悅，而回到首都南京。一路上我遇到婷婷，抵京後結爲連理，這也是我返京的另一收穫。如此直到大陸變色，才播遷來臺。

往事歷歷，有如一部紀錄片，退休前夕，不禁一起兜上心頭。

感謝我所從事的事業，有一套健全的人事制度，包括一套全體員工共同遵守的退休制度。我雖健康良好，自也應及齡退休，不能例外。薪盡火傳，員工雖有退休，事業則永久長在。在此願重複在惜別會上所說：願事業長保青春，不僅長保青春的活力，更要常保青春的體型，切不可有人過中年的肥胖和臃腫，若如此，則是健康的紅燈，走下坡路了！

願我們的公營事業，都能常保青春的活力與體型，這是公營事業經營的不二法門。

「晚風拂柳笛聲殘，夕陽山外山！」歌聲似猶迴旋耳際，我雖離別了我畢生服務的事業，但願它青春常在，我將永以它為榮！

七十二年八月三十一日中央日報晨鐘副刊

不覺「老」之「已」至

生、老、病、死是人生的四大痛苦。對於「老」，說正格的，截至目前，我尚未感覺到甚麼痛苦，反倒覺得它有點像是不請自來的「不速之客」，在不知不覺之際，在毫無設防的情形下，便自到來。記得在退休那天，我被請到講台上，發表「臨別感言」，腦子裡固然是「懵懵懂懂」不知自己在「胡說」些甚麼；心理也是「懵懵懂懂」，並無「臨別」的感覺。與往常在台上時，並無兩樣（不過我得說實話，過去我在台上發表「感言」的時間，實在是很少，幾乎是零），這是我第一次的「不覺」。直到從第二天起，不上班了，我已與相處幾半世紀的郵政辦公室辭別了，這才「恍然」，甚麼是「老」。

自從民國七十二年，西曆一九八三年退休後，一眨眼便已過「十週年」了。平常計算自己的「春秋」，老愛照洋人的法兒，按「足尺」計數，絕不依咱們的中國文化，虛報「價碼」。直到有一天，遇到一位「年」友，彼此俱是屬「馬」，我說「在下六十八」，他卻堅持他已七十了，這才恍然驚覺到我不祇是早逾「耳順」，而是已能從心所欲，不逾矩了。難怪老上司應公有「此人尚在」的感嘆。這是第二次的「不覺」。

我的第三次「不覺」，不知應在何時，想來恐是「羽化而登仙」之日，但願那一天，也如第一次和第二次一般，是「不知不覺」，條爾而至才好。如此，「老」對我而言，才是完全沒有痛苦了。

「老」的有無痛苦，另一方面，是要看你的「老境」如何？

感謝郵政事業的良好制度，使得郵政員工，不僅在職時溫飽有餘，不虞匱乏；退休後也有退休金可拿，可維溫飽，不致凍餒。更要感謝子女教育費之設，使得郵政子女，多能學有所成，有的更是學有專精，卓然成家。由於郵政員工生活環境的安定，日常生活的單純，故爾郵政子女，也多能循規蹈矩，不失孝道。然而，你的媳、婿如何，就只有看你的「老運」如何，瞎碰瞎撞了。

依咱們的傳統，女婿等於「半子」，對老丈人與丈母娘，自是得盡一份孝心。媳婦則更不必說了，自從進入夫家之後，習慣上便冠以夫姓，這表示完完全全地成爲夫家的一份子，榮辱與共。記得在大陸時，有位著名女聲樂家管喻宜萱，不論在何地演唱，海報上或新聞中她的名字前一定有一「管」字，管夫人之名，不脛而走。記憶中我也曾聽過她的演唱，一則是十分欣賞她的聲樂造詣，一則也是敬佩她的尊重中國文化，雖則她受的是西方教育與訓練。

其實這一傳統，也非僅中國如此，西方又何獨不然：柴契爾夫人雖貴爲英國首相，仍是「柴契爾夫人」。據說她公畢回家，仍然不忘家務，侍候老公。我以爲這並非重男輕女，或是甚麼大男人主義，而是增進家庭溫暖氣氛，增進家庭情感的好方式，多少年來，早已成爲一項良好的傳統。

北洋政府的曹汝霖，終其身不見諒於國人，晚景更是落寞。幸虧他有個女婿，住在美國，他的晚年，便在女婿家度過，並在那裡完成他的自傳，而有一向國人剖白的機會。在自傳中他說：我的女兒好，難得我的女婿也好。曹老雖是一個具有爭議性的人物，但老來有這兩句話，也就足以自慰了。

然而：在我的親友之中，以及我們看到或聽到的，媳婦與翁姑、女婿與岳家，能相處融洽的，並不多見；至於在一起居住，生活和樂的，更是少之又少。

郝柏村院長提倡三代同堂，在下深具同感。老人所需要的絕不是單純的「溫、飽」，而是家庭的「溫暖」，而這一點，絕非老人院等所能提供的。

三代同堂的生活方式，不只是適合老年人；對於中年人，也可幫忙家務，緩衝其緊張的生活；對孩子們更可幫忙照料、教導。而其最主要的作用，則是使親情洋溢於家庭，由親情而發展的愛心，由此而推及於整個社會，則今日充斥於社會的暴戾之氣，可望消弭於無形。

西方社會有老年人與少壯分開爲社會兩個階層的趨勢，子女從成年開始，便與父母分居獨立，從此各顧各的，父母老了則住老人院。少壯有少壯的生活，少壯的社會；老年則有老年的生活，老年的社會。這種社會上兩極化的情形，與經濟上的勞資兩極化有點相似。我們知道：工廠原是一個整體，勞資必須合作；同樣：家庭也是一個整體，老少原應生活在一起的。

有人說：現今公寓式房屋，不適於三代同堂。我認爲這不是問題，房子不適合，可以另行設計。眞正的問題，在於「觀念」，尤其是下一代人的「觀念」，而觀念的形成，則不僅有賴「宣導」，更有賴於「教育」。「軟體」的建設，較之「硬體」的設施，是更重要也是更難的了。

八十二年七月十五日會訊五十九期

環繞在老人周邊的幸福生活
——再談不覺「老」之「已」至

長生不老，是古代帝王所追求的事；長壽，也是人人所企盼的。但不要忘了：長壽，必須健康。否則纏綿病榻，處處需人侍候，不僅自身痛苦，也連累家人，又有何人生樂趣，更談不上幸福了。

除了健康之外，長壽，也還要一些其他條件的配合，才是活得舒泰，活得自在。頭一件，當然是要不虞匱乏，生活無慮。否則，整天價擔心柴米油鹽，豈不愁悶人也，那裡來的悠閒安適。

其次，是要你的子賢孫孝，個個都能自立，無需您老煩心。家庭中的每一成員，也都能融融洽洽，親愛精誠，對於您二老，都有相當程度的向心力。不致因爲你的貧病，而相互推諉，生怕沾了邊；更不會爲了未來的遺產，而使用心計。

再則，老頭子，老太婆長命百歲，小伙子們也要跟著都相當的長壽才行，否則，年輕的反倒先走了，白髮人送黑髮人，情何以堪？

不祇你的家人要相當長壽，你的友人，也要和你一樣，活得長久才好。「天之涯，地之角，知交半零落。」李叔同先生早就有此感慨。如果由於你一人的長壽，你的老友，都已零落殆盡，賸你一人，煢煢孤立，連說話的人也沒有，那又有何意味？

記得以前讀過一篇美國華盛頓歐文所寫的短篇小說呂柏大夢，說呂柏一天入山誤飲了矮仙的酒，而醉臥山中，醒來下山，以前的童年遊伴都已垂垂老矣，有的已經死去，太太也死了，兒子也不認識他，入山時的大英殖民地，已經變成美利堅合衆國。原來山中方一宿，世上已幾十年，一切都已改變，他成了隔世之人，已無法適應了。

日前接獲一位南京時代總局老同事自北京來信，告知當年總局老長官、老同事的情況，都是經過折磨而死，有的不知所終，有的則自盡而亡。我想我們如回返大陸，回返舊日的崗位，眞將有呂柏的感慨，再加上一份愴懷，人生如夢，是耶、非耶？

國人常將福、祿、壽聯在一起，又認爲它們是人生的三種不同境遇。其實：福、祿、壽固可分開來看，但如將福、祿視爲壽的先決條件，則更爲實在。如果無福、無祿，單是長壽，不過是苦難的延長而已，要它作甚!?

八十三年七月十五日會訊六十三期

來臺記

本刊第六十八期登載了述調兄一篇「散譜記」，敘述其編修家譜，並攜往其興國老家散發族人的經過。述調兄人在臺灣，卻爲遠在大陸的老家修譜，眞是不可思議。

據述調兄告知：他家遠祖，在幾世紀前，從中原一帶，南遷到江西興國的一個鄉村中，聚族而居，以迄于今。族人中雖有出外發展的，如述調兄本人即爲一例，但主體仍在興國，未有移動。故述調兄祇須將上次所修之譜，加以調查、延伸、合編即可。但即是此一工作，亦相當繁重，且需相當之經費與人力，方能蔵事。

我國歷史上，有數次由北而南的民族大遷徙，如五胡亂華，晉室東遷；如宋室南渡；如明末的流寇竄擾；中原板蕩，遂爾形成大規模的遷徙了。

小時聽長輩們說，我家亦是若干年前，從河南一帶，遷來江西，族人們可能已經分散，不像述調兄家之聚居同一村落。在大陸時全國最後一次大修譜似是在張勳復辟時，我家有一譜箱，放在九江趙家花園老家堂屋的供奉祖先的神龕上，抗戰時九江全城房屋，都爲日軍所毀，譜箱自是沒有了。祇記得五個字的輩序是：「賢才光盛世」，我父是「賢」字輩，名「賢溥」，我是「才」字輩，叫「翊才」，但「才」字其後對外未用，變成單名「翊」。三代之後，將不知要使用什麼「輩序」了。

民國三十七年十月左右，南京緊張，總局緊縮人手，疏散人員至各區，我遂請調臺灣，動身之日，南京下關火車站萬頭攢動，擠得水泄不通，根本無法上車，我與內子及三個月大的老大光曄共三人，孩子小，不能擠，最後祇好像商品般由陳媽從車窗遞進來，總算上了車，直奔上海。

我們的輪船中興號於這年聖誕夜抵達基隆外海，我於十二月二十七日向臺灣郵電管理局報到，四十餘年來，我們這一代，已成了來臺的一世祖了，我無法像述調兄一般修譜，祇有將遷來臺灣，變成一世祖的情形，略予敘述，以作爲未來修譜尋根的參考而已。

八十五年七月十五日會訊七十一期

聯話續貂

本刊過去曾連續刊出過幾篇有關對聯的文字，甚饒趣味。對聯一道，雖不及詩詞歌賦等在文學上地位之重要，但由於我國文字音韻和結構的特殊，它恐是我中華民族所獨有的一種以文字來表達的方式了。

由於它的用字洗鍊，言簡意賅，而又對仗工整，音調鏗鏘，讀起來你會不知不覺地搖頭晃腦，擊節嘆賞，心情也會受到它的感染，而隨之起伏。尤其是富有感情的聯句，更會使讀者感動不已，而與作者共鳴。

對聯起源甚早，六朝的駢體文，全篇都以四六的對偶句寫成，可以說，整篇都是以對聯聯綴而成。律詩的中間四句，也都是對偶句。但它的盛行，卻在明清之際，晚清的幾位名臣，如曾、左、彭、胡以及李鴻章等人，都是對聯的高手。

曾文正公的乳母去世，他挽以一聯云：

一飯且蒙恩，況捧負提携，只少懷胎十月；

千金難報德，論人情物理，也須泣血三年。

這付挽聯，不僅眞情流露，且也可看出他的爲人。

吳佩孚五十壽辰，時吳坐鎭洛陽，聲威正盛，康有爲贈以聯曰：

牧野鷹揚，百歲勛名纔一半；

洛陽虎踞，八方風雨會中州。

想見其氣概之盛。後吳氏勢衰，民國二十年後，閒居北平，自撰一聯曰：

得意時淸白乃心，不納妾，不積金錢，飲酒賦詩，猶是書生本色；

失敗後崛強到底，不出洋，不走租界，灌園抱甕，眞個解甲歸田。

抗戰期間，吳氏仍羈身北平，日人屢欲迫其出山，皆爲所拒，後病歿。人謂吳患牙病，日人強介牙醫爲其診治，實則藉機注射毒劑，因而身亡，大節凜然。噩耗傳至後方，先總統蔣公輓以聯曰：

落日黯孤城，百折不回完壯志；

大風思猛士，萬方多難惜斯人。

時抗戰方殷，萬方多難，孤城落日，誠爲當時寫照。

某日，遊關廟，見有一聯云：

志在春秋功在漢；

心同日月義同天。

寫關公之忠義，甚爲貼切。

紅樓夢爲我國最著名之古典言情小說。其第一回有聯曰：

假作眞時眞亦假；

無爲有處有還無。

短短十四字，深寓哲理，且已爲全書預作勾勒。

某日，逛金山街一畫廊，見有一聯，意境甚佳，因亟錄之：

滿身花影倩人扶，我欲醉眠芳草；

幾日行雲何處去，除非問取黃鸝。

文字貴有感情，挽詞尤如此。總局同事周史芳兄臥病時，余曾往視，甫匝月，即聞其死訊，余等是時尚在盛年，人生如朝露，不覺傷感，因挽一聯云：

共事幾十年，老友中又少一個；

訪君才匝月，傷懷處暗落數行。

霍柏昌兄與余在青潭共事，辦公室相連，霍因病去世，記憶中似在年初，余挽之云：

共話青潭，此情有如昨日；
春回大地，天胡不救斯人。

鄢若愚兄與余亦青潭共事，病逝後余挽之云：

雁陣幾行，老朋友又少一個；
青潭數載，舊情景猶在目前。

總局公共關係室前主任洪蓀祥氏爲余老長官，常爲同人排解。某次輪值於月會中向同仁講演，諄諄以待人態度相勉。時報載蘇聯執政者有三人，因有三頭馬車之說，一時甚爲流行，氏因亦以三頭馬車爲例，即：派頭、苗頭、噱頭，爲同仁解說，傳爲佳話。氏病歿，余撰一聯云：

半紀從郵，片語解紛今魯仲；
三頭佳話，人情練達即文章。

余任職總務處時，曾爲當時簡局長撰一聯挽其友勝東先生（姓已忘）：

卅載論交，蓬島相逢欣聚首；
一朝永訣，故山遠隔賦招魂。

總局前視察長何季笠（建祥）先生抗戰時從事軍郵，於役浙東，余時自淪陷之九江奉調麗水浙郵管局辦事處，九江局同事曾爲函介。其後先生奉調，道出麗水，因得識荊。先生隨總局來臺後，余旋亦奉調總局，朝夕相處。週末假日常與先生出遊，同伴共六人。先生杭州人，年逾八十，仍每日早起健步，自謂須鍛鍊身體，以備返回大陸，重遊故國河山。先生八十八歲逝世，余挽之曰：

括蒼山前，多年往事都成憶；
西子湖畔，六人何日再同遊。

同遊之日，永無期矣！

總局王前局長叔朋夫人陶氏病逝時，余與內子挽之云：

教子義方，作育有成皆博學；
持家勤儉，艱難歷盡此身摧。

抗戰勝利後余與內子在南京結婚，劉澄老福證，內子因得識澄老夫人。其後來臺，又同住永康街，常相過從。某日清晨，忽接澄老電話，驚悉其夫人深夜仙逝，因數日前尚在一起，眞如晴天霹靂，公祭之日，余與內子共輓一聯云：

睽違才數日，永康小別，何意凌晨驚急報；
過從逾卅載，金陵往事，那堪回首憶前塵。

先母在日，某次，偶然間與多年未有聯繫而亦在臺北之余姨母相遇，老姊妹異地重逢，自是十分欣喜。表兄與余曾在中學同學，現臺北家中僅姨母、表姊及渠三人。其後，表兄赴美，臺北家中僅姨母及表姊二人，表姊迄未婚，事母至孝，侍奉入微，母女二人，相依相靠。姨母高齡仙逝，余與內子挽一聯云：

和我母姊妹情深，最難得海島重逢，共話往事；
與哲嗣同窗友善，眞虧有賢女盡孝，克享期頤。

月前薛聘老病逝，遠在加拿大之郵政總局簡前局長爾康有一挽聯刊於退休聯誼會會訊，聯曰：

識荆于重慶，共事在臺灣，亦長亦師，數十年黽勉從公，早有令名傳郵政；
謙藹想高風，持躬秉清範，典型足式，逾大耋猶勤著述，海天遙祭悼耆賢。

簡局長與聘老在秘書室共事多年，此聯不僅貼切實際，亦其心聲也。

農曆新年，臺北市春聯已不多見。月前隨旅行團至中部，見春聯遠較臺北爲多，尤以接近鄉村地區爲甚，禮失而求諸野，信然。往年春節，余均就舊春聯中釋其較合余意者書貼，今年則自撰一聯曰：

望神州一統；

祈萬世太平。

是亦藉表心意而已！

天安門事件爆發，凡我同胞，無不憤慨。數日前，行經南陽街，見某補習班門首懸一巨幅對聯云：

億萬炎黃同聲譴；

一場血腥百世羞。

簡短有力，震人心弦。舊瓶新酒，作了最佳的結合，誰說舊文化與新時代，不能調和呢!?

七十八年六月三十日鄹人天地二三三二期

投考郵政

——從郵雜記之一

民國二十五年，一個明媚的春天，校園中淺草平鋪，一片綠意，下課鐘聲，從遠處一株濃蔭如蓋的古老大樹中傳來，一具斑剝的大鐘，就懸掛在這棵樹上，鐘聲過去，我們走出思穆堂二樓的教室，下樓步向一樓的圖書室，就在圖書室外的佈告欄中，貼出了江西郵政管理局招考郵務佐的公告。

這個暑假，我們即將高中畢業了，我們班上，共有同學十三人，當然，大部分都希望繼續學業，升入大學，但對少數幾個家庭經濟情形並不寬裕的同學言，這可說是一佳音。我與班上同學李光宇、周松柏以及別班一位黃姓同學共四人報了名，到了考前數日，我們乃聯袂赴省會南昌應試。

我們的學校在九江，是一所教會辦的中學，從九江到南昌有一條南潯鐵路，本來是江西省惟一的鐵路，直到抗戰前夕，才有浙贛鐵路通至杭州，並西與粵漢鐵路相接。

這次到南昌，可說是我第一次獨自出遠門，因爲過去我雖也曾單獨到異地求學，但當地都有親友照料，這次雖有同學同行，但卻是到一個陌生的地方，並無熟人。

到南昌後，我們寄住在一家小旅館中，我與李光宇兄同一房間。這家旅館不僅小，設備和衛生設施也差，走道上即可嗅到廁所中傳出的陣陣氣味，自不能和今日的觀光大飯店相比，好在我們祇小住數日，考畢即走，也就顧不得許多了！

那時「特種考試郵政人員考試條例」已於前一年由考試院公布，郵務佐考試依規定可由考試院委託交通部辦理，事實上則由各郵區代辦，計分筆試和面試兩試，筆試科目爲：國文、三民主義、簡易外國文、本國史地、算術、常識等六項，一天考畢，出場時已近萬家燈火。第二試則由管理局高級人員就應考人逐一面試。

考場是借用一間學校，應考人數不詳，但看來似不太多，不似今日之郵務佐考試，動輒數萬人，我想主要當是由於大陸地方廣袤，又是分由各郵區自行舉行，故報考人數分散開了，而當時經濟、教育，不如今日之發達，人口不如今日之密集，亦是主因。今日臺灣雖有三個郵區，但交通方便，有如一體，且係集中一地舉行，加以臺灣人口衆多，教育普及，郵務佐所需學歷不高，故每次招考，報考人數，日益增加。

此外，尙有一點，爲今昔所不同的，即我們那時考試，女性參加的不多，而今日則女性報考者甚多，甚至超過男性，因而不得不男女分別舉行，分定錄取名額，以適應事業的需要。由此亦可見我國女子教育，今日遠較那時為普遍，而女子就業，亦駸駸乎與男性爭短長了！

郵政人事制度，十分健全，而考試制度，又為人事制度之基礎。以考試用人，不僅在消極方面，可以防止引用私人，杜絕倖進；又可發揮羅致人才，求取精英的積極效果。郵政的考試制度，亦是隨事業之發展，逐漸演變、遞嬗而來。依其發展的軌跡，大致可分為幾個階段：其一為自郵政創辦以迄民國十七年十二月十五日「錄用甲乙兩等郵務員與郵務佐章程」之訂頒，由最初之並無定制逐漸形成一定而較為完備之章規。其次為自上述章程之訂頒，以迄民國二十年七月十八日「特種考試郵務人員考試條例」之頒發，由於國府於十七年定都南京後，考試院成立，積極推行考政，過去由郵政機關自辦的考試，亦納入國家考試的系統，而成為特種考試之一種。其三為迄民國二十四年七月二十七日，上述條例，經修訂為「特種考試郵政人員考試條例」，察其名稱，雖僅一字之差，一稱郵務人員，一稱郵政人員，但內容則大不相同，修訂之條例，對郵政人員考試，分為：高級郵務員、初級郵務員、郵務佐、信差等四種，甚為完備，考試科目，亦經詳細規定，郵政考試之成文法，至此已燦然大備。其四為民國四十九年十二月十五日「特種考試交通事業人員考試規則」之公布，至此郵政人員已併為交通事業人員，郵政人員考試，亦已併為交通事業人員考試之一種。

上述「特種考試交通事業人員考試規則」，其內容可說是沿襲了郵政原有考試的精神和制度，也可說是郵政考試的擴大應用，發揚光大，於此亦可見郵政考試制度的完善，值得我郵政同仁們引以為榮！

今日為一科技時代，展望將來，隨業務之發展，郵政應用科技之處必更多，尤其是電腦之應用，已在郵政業務及管理方面，發揮了極大之效用，佔有極重要之地位，此種人才之補充，將來自會益感迫切，而郵政人員考試科目之如何修訂，以期適應此一需要，當亦為未來修訂郵政考試制度課題之一。

早期各機關以考試用人的不多，進用新人，多賴八行推薦，故郵政考試，顯得非常突出，也一直為人所稱道，而成為求職者所嚮往的途徑。其實以考試用人，不僅載之憲法，即在君主時代，對此亦十分重視，過去的科舉，即是一項以考試用人的古老制度，也是一項十分公平的制度，任何人經由此一途徑，可以布衣直抵卿相，因此十載寒窗，祇要題名金榜，便可進入仕途，參與政治，也就是說：有機會作公務員了。我們甚至可以說，這是君主時代，向老百姓表示政治開放的一條途徑，也是君主羈縻士人的方法，蔣夢麟先生在其所著「西潮」一書中，就有一章描述他幼年參加郡試的經過。據說：滿清末年，百政窳敗，祇有這考政一項，仍能保持完善，可見君主們對此的重視了！

且說我們同學四人在南昌應試後，便回到學校，等候發榜。不久，消息傳來，我們四人，幸皆錄取，我與李光宇同學名次較高，不久，我即被分發至九江一等乙級郵局報到，那時各校高中畢業班同學必須參加會考及格，方得畢業，此時已接近會考日期，有一天，我見到局長江明超氏，即向他說明此種情形，並請求屆時給假，以便參加，不想局長見我剛入局，年紀輕，對我尙無信任，以爲我是謊言，即說：進了郵局，應好好工作，不能隨意請假云云，不禁嚇了我一大跳，後來雖仍然准了我的假去參加會考，但郵局管理的嚴格，亦可見一斑。

隔了些時，李光宇同學亦接到通知，分發到江西內地一小局當局長，我與他從此天各一方，未再晤面，人生不相見，動如參與商，故鄉歷經動亂，更不知他情況如何，在此祇有心香默禱，遙祝故人平安而已！

沒有多久，江西郵政管理局又招考初級郵務員，這次不僅江西郵區，其他郵區有很多都在先後不久招考，想來這可能是郵政總局有計畫的讓各區補充人手。我與同學周松柏兄也報了名，李光宇兄遠在內地，記憶中似未參加。

那時，初級郵務員考試分爲三試，第一試科目爲：㈠國文：論文及公文，㈡總理遺教：包括三民主義及建國方略，㈢外國文：在英、德、法、俄、日等文中任選一種。第二試科目爲：㈠中外歷史，㈡中外地理，㈢數學：包括算術、代數、平面幾何，㈣法制經濟大意，㈤

簿記，㈥郵政法規。第三試則爲面試。

我因剛從學校畢業，各項科目中，除第一試各科目校中均有講授外，第二試各科目中，以數學最爲擅長，其次：中外歷史、中外地理也都在校唸過，祇有法制經濟大意、簿記、郵政法規三者完全陌生，必須臨時準備，尤其是簿記一項，需要演算，更費時間。

那時最著名的會計書籍爲立信會計叢書，由潘序倫先生主編，其中有大學用書會計學四厚冊，稍淺的有高級商業簿記一厚冊，最淺的有初級商業簿記並不太厚的一冊，我因時間關係，又係初學，因此買了一本初級商業簿記，仔細研讀並演算，這本書雖說是初級，但自借貸原理以迄資產負債表、損益計算書之編製，十分完整，而且簡明扼要，非常適合初學，尤其是在短時間內「趕學」，我從頭到尾，閱讀完畢，對簿記已有了一個大概的認識，而考試日期已到，祇有就此匆忙應試了！

那時江西郵政管理局的新廈剛遷入未久，十分漂亮而壯觀，即以今日之眼光視之，亦無遜色。新廈爲馬蹄形，內面爲一大停車場，另一端似爲電信管理局，而命名「交通大廈」。

大廈一樓爲營業廳，二樓以上爲辦公室，那時局長爲郵務長劉曜庭氏，劉氏戴金絲眼鏡，甚具威嚴。一樓沿邊一長條均爲營業廳，十分有氣派。

考試之日，周松柏兄因故未能參加，適湖北郵區亦在招考，遂趕往湖北應試，松柏兄因此在該區錄取，湖北郵區此次錄取名額較江西爲多，傳用又快，結果松柏兄反在我之前升等，塞翁失馬，焉知非福，天下事常有如是者。

筆試發表，不過錄取十餘人，我亦幸在其中。筆試通過即等待面試，面試即在管理局舉行，由局長親自主持。那日，劉氏由衆人簇擁，由營業櫃臺前經過，上樓進入局長室，即開始面試，由襄助人員傳呼，逐一依次進入，室內地板，揩拭得一塵不染，再加上塗蠟，故十分光滑，有一位應試人，亦係現職人員，因心情緊張，再加地板光滑，進入局長室，即不小心滑了一跤，起來更加緊張，不知所答，結果，筆試雖獲錄取，竟因口試而除名，可謂運氣不佳。

我雖獲錄取，而且名額不多，一共才不過十餘人，但傳用極慢，一直到抗戰軍興，九江陷落，尙未傳用。但也正因此使我在淪陷後的九江，得以請求傳用升資爲理由，請調他區，因得獲准調往後方，脫離了淪陷區，一切似是冥冥中自有安排，此是後話，暫且不提。

就應試科目言：今日員級人員考試，除技術員亦如技術佐一樣，分爲甲、乙、丙三組外，業務員亦分甲、乙、丙三組，就其專業考試科目以觀，外國文與郵政法規兩項，爲三組之共同專業科目，此外，甲組加考㈠法學緒論，㈡民法概要或刑法概要（任選一科），以偏重於法學，乙組則加考㈠經濟學概要，㈡會計學概要或珠算（任選一科），似偏重於商學，丙組加考㈠調查實務，㈡偵防實務及保防實務，似偏重於人事查核。惟今日郵政儲滙業務，至爲發達，業務量之龐大，甚且凌駕一般金融業，儲滙業務，即銀行業務，故從業人員，對銀行知識，甚爲需要，諸如貨幣、銀行、票據等學識，均爲日常業務處理上所必需，乙組雖偏重商業，但衡其專業考試科目，似尚不足應付此方面之需要。反之：丙組似不妨附屬於甲組之下，惟此係筆者個人粗淺之見，以供今後參考而已！

此外，尙有一事對筆者印象極深，至今記憶猶新，即我到江西管理局面試及報到時，過道上之小桌前坐有一、二工友，侍應相關辦公室人員，聽候傳送公文，或倒茶水等，其在坐候時，均利用此空閑時間，作兼蓋空白單式上之戳記等工作，絕不讓時間虛度，充分利用人力，此事雖小，可以見大！

筆者草此文時，正値七十二年特種考試交通事業人員郵政業務佐考試，筆者於清晨七時搭乘公共汽車，見其前方窗上顯明處貼有：「經郵政特考試場」之紅紙條，車抵金華女中（亦爲考場之一）站時，車上乘客，下車者達百分之九十以上，蓋皆爲考生及其陪考家人，又日前報載，鐵路亦因此次特考而加開班車，郵政考試，應試者如此之多，乃至驚動其他交通業，予以配合，眞是一件大事！

由於此兩次考試，使我未出校門，即已投身郵政，也由於郵政有良好的考試制度與人事制度，使我不僅投身郵政，而且終身服務郵政達四十七年，往事如烟，撫今追昔，不禁悵然久之！

原載七十二年八月三十一日郵人天地一六二期

記抗戰初期九江郵局撤遷經過

——從郵雜記之二

郵人天地第一六二期載有承允先生「回憶抗日期間從郵二三事」，對抗戰時江陰郵局撤遷經過，敍述甚詳，當時情形，躍然紙上，具見那時郵政同仁所遭遇的艱辛與危險，也使我回憶起九江郵局撤遷的一段往事。

筆者於二十五年六月中錄用入局，即被派至九江郵局工作，中間曾被派往海會寺郵局服務半年多，海會寺地方雖小，但在我抗戰史上卻應佔有一席之地，故在此約略介紹一下。

海會寺是廬山山南的一座廟宇，位於五老峯下，泉木幽勝，政府當時在此設有訓練機構，即在海會寺附近山麓，開闢了一片坡地，蓋有房舍、大禮堂，並有大操場，正在五老峯之下，遠望鄱陽湖，氣勢十分雄偉，那時中央軍校特別訓練班即在此集訓，其中並有郵政班，為我抗戰軍郵之搖籃地，我郵軍郵人員，多曾在此接受過嚴格之訓練。七七變起，先總統　蔣公（當時尊稱蔣委員長）即在此宣布抗戰，揭開八年奮戰之序幕，筆者適在海會寺郵局，當時情形，深印腦際。

二十六年秋，我仍回到九江郵局，其時日人又在滬上發動八一三事變，於是戰火蔓延到江南，上海、南京相繼棄守，翌年夏，日人又沿江西進，於是九江吃緊，我們仍在原地，維持業務，九江於二十七年七月二十五日淪陷，直到淪陷前夕，郵局才撤退到九江之南二十餘里的廬山山腳。

那晚，可說是緊張的一夜，我們獲知日軍已逼進城區，我們所在之處，亦是十分危險，乃決定連夜啓程，繞廬山而南，向管理局所在地－南昌－進發，是時南潯鐵路北段，早已破壞，以阻敵前進，故我們全局人員，祇有步行。

由於疏散在外，我們吃得並不太飽，行至中夜，携帶的水，也喝完了，眞是又饑又渴又困，睡眼朦朧，我們走的是田野小路，黑夜摸索，疲乏得幾乎隨時都會倒地而睡，中間經過一個小村鎭，已是十室十空，闃無一人，推開一家半掩的店面，黑漆漆地，也顧不得蚊聲如雷，祇有席地而臥，稍作林息，一會兒再繼續前行，如此直到天亮，到達南潯鐵路上的一站－馬廻嶺，於是以電話與江西管理局聯絡，由其派郵車來接，直駛南昌。

由於九江爲一轉口局，寄往江西各地郵件，多由此經轉，撤退前尙收到各地寄來大批包裹郵袋，有待開拆清理，於是管理局乃命我等前往吉安，成立九江郵局辦事處，清理包袋，在南昌停留僅數日，即前往吉安，祇有少數人另有調遣，其中一位管會計的同事，因過慣了平日安定的生活，經此鉅變，暑熱中長途跋涉，不能支持，到南昌即臥病，終至不起，是我們此次撤退中唯一的不幸。

吉安是贛江中上游的一個城市，由於戰爭關係有人來此避難，地方日漸繁榮。辦事處租用一棟民宅爲辦公處所，這裏的房子很奇特，沒有我們所習見的窗子，祇是在牆上高處開一小圓洞而已，據說是爲了怕「財氣」外漏，但因此室內空氣不易流通，濕悶難當。

辦事處在吉安大約待了三、四個月，將所有積存的包裹，清理完畢，奉令前往上海，待命返回九江恢復局務。

十一月間，我們到達上海，辦事處即在上海管理局四樓辦公，當時安徽郵政管理局，由局長徐蘭生率領，亦撤遷在此待命，直到二十八年二月下旬，我們乃與安徽管理局，由上海管理局各派一熟諳日語之視察員陪同，共乘一船溯江而上，分別回到安慶與九江，恢復局務，陪同我們回九江的視察員，即是周博淵先生，想不到其後又在臺灣共事多年。

那時九江，斷瓦殘垣，觸目驚心，全城僅有佔極少數的西式房屋，得以倖存，其餘中式民房，都已倒塌，刼餘居民，均集中在市內難民區居住。我們復局的工作，進行並無阻礙，不多久，正式開始營業，仍使用我們攜去的郵票，行政方面，則透過上海管理局仍聽命後方郵政總局的指揮，日人並未干涉，但有憲兵前來檢查郵件，陷區郵政此種情形，一直維持到三十年十二月太平洋戰事爆發，才有所改變。實際上當時郵政總局駐滬辦事處主任兼上海郵政管理局局長乍配林（A. M. Chapelain）直到三十二年六月才爲敵僞所迫，移交本兼各職，至此陷區高階層郵政人事，才受到干擾，有了重大的改變。

雙方交戰，一方在對方佔領區內仍能設法維持部分治權，也可說是經過巧妙的安排，維持了部分的主權，這眞是不可思議的事，然而中華郵政卻辦到了。郵政收入，原有賴沿江沿海各郵區，迨這些地方淪陷，經由上海轉撥後方協濟的款項，月達百萬元之鉅，故維持陷區郵務，對郵政經濟，亦有相當助益。

二十八年七月，我奉令調往浙江郵區麗水辦事處，於是欣然奉母携弟，離開淪陷區，來到後方，重覩青天白日之旗幟，也別離了故鄉九江，直到如今。

七十二年十月三十一日郵人天地一六四期

記黃桷埡——往事摭拾之一

民國三十二年夏，我從逃難龍泉蓋竹的浙江郵政管理局麗水辦事處奉調郵政總局，奉令之日，欣喜萬分，那時總局在重慶南岸，重慶是當時的陪都，抗戰的司令臺，嚮往已久，略事摒擋，便束裝就道。

和我同行的是母親和端弟，郵局調遣的規定，對甲等郵務員（即現在的高級業務員）十分優渥，除了父母可以一起赴調，報銷旅費外，還可携帶僕役一人，但兄弟姊妹則不能。端弟隨我同行，原也兼負侍奉母親之職，因此同事們都認爲可將端弟作爲僕人同往，免得長途旅費，在戰時待遇菲薄下，難以負擔。但幾次簽呈，何伯伯（當時辦事處主任）都未應允。有的因此建議我於動身時雇一僕役，啓程到最近一站後即予解雇，再以端弟抵補，但我又不願如此做，只好硬著頭皮，自費同行。從這一點也可看出郵政辦事的認眞和執行法令的澈底。

我從蓋竹搭郵車西行，第一站是閩北的浦城，而後再經建陽、建甌而抵南平，這條路我已走過兩次，第一次是隨浙江辦事處逃難到沙縣（在南平西一站），第二次是到永安（在沙縣西一站）應試，這回是第三次了。閩北各縣很荒涼，建陽、建甌一帶那時還鬧鼠疫，但南平則相當繁華，有柏油馬路。別離滬上久矣，此番重踏柏油馬路，有分外舒適和親切之感。南平也有商務印書館分館，找書、買書都甚方便。市廛商肆櫛比，一副南國情調。小飲食店中隨處都有閩菜芋艿泥，甚可口。山腳高級住宅甚爲美觀，夜間燈火掩映，疏落有致。

南平往西，經沙縣、永安到長汀，這裡是近閩贛交界處的一座小城，而且是座山城，地方甚小，但一片寧靜，完全鄉土氣息，是一座純樸的山區小城。但卻琴韻歌聲，飄落處處，男女學生，三三兩兩，點綴其間，據說是福建音專播遷於此，使這原就可愛的小城，眞個是絃歌不絕，益發地逗人喜愛。

越過省界，進入贛南地帶，有些地區放眼望去，群山多是童山濯濯，一片土黃，莫說樹木，連一根草也無有，有如和尙頭一般，如此山頭，煞是難看。

車過曲江，看到一些工廠，路上遇到粵區財務幫辦龍君，同坐一車，龍君甚健談，不久前曾去重慶，告我總局年青人很多，富有朝氣。

橫過粵境，即抵湘省之衡陽，換乘湘桂線火車，衡陽爲交通要道，頻遭空襲，顯得一副急匆匆和亂糟糟的樣子，我因奉母携弟，見此景況，不敢多留，遂即搭上火車，直抵廣西之金城江，中經山水甲天下之桂林，原想下車一覽風景之勝，終以有老幼同行，行李亦復不少，實不方便，又慮空襲，只好作罷，此後直至撤遷來臺，竟無再經桂林之機會，眞是可惜！

自金城江又搭郵車至貴州獨山，此地郵局邵局長原爲浙區同事，相見甚歡。次日，復搭車經貴陽、遵義，於九月四日到達重慶南岸黃桷埡郵政總局報到。

黃桷埡是重慶南岸山上的一個小市鎭，山下臨江碼頭叫海棠溪，從山下到山上，除公路外，有石級山路可達，共有多少級，現已不復記憶，但覺相當長，爬起來很吃力，如懶得走，亦有滑干可坐，大約快到山頂之路邊，山腰上有一幢房子，我們叫它怡和房子，總局視察室（即今之檢核室）及軍郵督察處在此處辦公。

約摸就在怡和房子不遠處，另有一條石級山路由此分叉，直達山下另一碼頭，叫龍門浩，過江即重慶望龍門（海棠溪過江爲重慶儲奇門）。

總局在黃桷埡的辦公處所實際上是一大眷區，前臨公路，似是籬笆圍成的，斜斜的山坡上，舖了一片一排排的灰色二樓長條形房屋，隔成一棟棟的宿舍，每排大約隔成二、三棟或四、五棟，郵務長住的，是兩上兩下，副郵務長的是兩下一上或兩上一下，其餘職員則是一上一下或兩家合住，視家庭人口等情形而定。

進大門右側最前兩排是辦公室，其後則是宿舍，進門左側也是宿舍，前面是郵務長住的，其後依次是副郵務長、郵務員等，進大門居中則是一條畚區幹道，畚區中間一幢西式房屋，外圍矮籬柵，則是副局長公寓，那時副局長是佘翔麟氏。

進大門極左側還有一棟房屋，是業務處的辦公室。我報到後派在考績處工作，彼時考績處（即今之人事室）處長是李文元氏，北方人，高高大大的。副處長劉尙義氏，是一位不苟言笑，比較注重形式的人。他對辦公室的秩序，十分注意，我們在辦公時雖不能個個都正襟危坐，但卻都規規矩矩，不敢隨意談笑。記得我在報到後不久，一天中午下班後在辦公室中塡造這次奉調的旅費單，不覺已經到了上班時候，他聽到撥算盤的聲音，隨即告知我不要在辦公室中打算盤，由此可見他是如何地注意辦公室的秩序。據說那時總局的單位中，考績處是比較嚴肅的，但考績處也有一位佟姓元老，年高而不減豪爽、風趣，嗓門又大，我們都稱他爲總司令，以示尊敬，而又含有親切之意。佟總司令職司人員調遣，是考績處最重要一課中最重要的工作，那時起稿雖有使用毛筆的，但用鋼筆（自來水筆）的已很普遍，每次人員調遣，因需令知有關各方面，常常一案數稿，起稿雖多，佟總司令從不使用鋼筆，都用毛筆，往往一案六七個稿子，以廻紋針參差別起來，長長一片。他的書法很好，可惜那時未想到請他題字，以留紀念。

考績處那時分功衡、訓育、甄選、紀錄（名稱記憶恐有誤）等四課，我在紀錄課，管理人事紀錄，其後考績處改爲人事室，所轄各課，改稱一、二、三、四課，其後復改「課」爲「科」，以迄來臺。

位於黃桷埡的郵政機構，除了郵政總局外，還有儲滙局的壽險處，在總局的左首，與總局隔公路相望，樓下是辦事處的營業廳，樓上則是壽險處的辦公室。此外還有儲滙局的儲金處，則在總局的右前方，中隔一片田畦，距離較遠。

黃桷埡郵局則在壽險處往前拐角處的街頭，局址不大。民國三十四年發行平等新約郵票，重慶市人們排隊購買，據說有孕婦擠掉胎兒的事，黃桷埡郵局門前也大擺長龍。

在總局右側不遠處有一所小學，叫南山小學，有一次總局同事在那兒禮堂彩排，到的人很多，十分熱鬧。

在總局後面山腰上有一所中學叫廣益中學，據說是英人創辦，有很大的足球場，綠草平鋪，使人一望便感覺到這是一所有相當長久歷史的學校。

廣益中學的後面，山頂上有一座塔，巍然矗立，老遠便可見到。那時重慶書店中有一本小說，叫「塔裡的女人」，這本書我不曾讀過，但看到塔，常令人發生遐想。

沿著山腰往前去，是十分寧靜的住宅區，順著山勢，東一棟、西一棟的，古樸而雅緻，南山醫院也在這裡。

黃桷埡有一個歌詠團的組織，擔任指揮的在重慶市一個小學工作，但住在黃桷埡，我們經常在他家練唱，團員中有一位是南山醫院的護士，歌聲清脆而高越，眞如一線鋼絲，直拋天際，在合唱時，老遠便可發覺她的歌聲，突圍而出，確如新鶯出谷，令人沉醉。聖誕之夜，我們還組成夜行歌詠團，到處送佳音，直到天亮。

黃桷埡可說是重慶郊區的一個高等住宅區，沒有什麼娛樂的地方，因此一到週日（那時週六仍全天辦公），就下山到重慶看電影或看話劇，戰地鐘聲等影片，好像都是那時的出品，而重慶的話劇，更是轟動一時，這是話劇的全盛時期，迄今無出其右。

總局房屋都在山坡，因此防空洞就築在眷區之後，依山挖洞就是，到渝後聽人說起重慶大轟炸情形，猶有餘悸，但此際日軍軍力已成強弩之末，警報似並不太多，倒是前此在浙時空襲頻仍，轟炸慘烈，一幅戰時景象。

民國三十四年八月十五日，日本無條件投降，八年抗戰，終獲勝利，眞有「初聞涕淚滿衣裳」之感，重慶成了狂歡城，總局也準備接收陷區郵政，我們都在待命東下中。我在黃桷埡的山野、田疇、歌聲、塔影中，不覺已過了兩年，想到即可回到與重慶一衣帶水、位於江的那一頭的故鄉（九江），自然是欣喜無既。「才從巴峽穿巫峽，便下襄陽向洛陽。」由於搭舟東下，使我於無意中翻開了生命旅程中的新頁，人生際遇，怎能不相信上蒼的安排呢!?

原載六十五年三月二十日郵人天地七十三期

海會寺

——往事摭拾之二

海會寺在江西廬山山南之麓，是廬山的名剎之一，山腳下平地上有一小村鎮，叫海會鎮，公路自九江南來，經此通往星子縣。

海會寺後倚五老峯，山勢崔巍峭拔，矗立霄漢，五個山峯，稱爲五老，並列一排，迤邐如屏障，氣勢益見雄偉。朝著正前方鄱陽湖的方向望去，目之所極，祇見晴川歷歷，烟波浩渺，遠處水天一色，氣象萬千，已分辨不出是湖水還是陸地。匡廬天下秀，但就五老峯而言，豈僅秀麗而已？

那時正値抗戰前夕，日人步步進逼，全國同胞，莫不同仇敵愾，異常憤慨，抱有與敵人一拼的決心，民心士氣，振奮已達極點。政府也在默默中積極作各種準備，爲了訓練人員，配合未來軍事方面的需要，設立了陸軍軍官學校特別訓練班，其中並設有郵政系，培養一旦戰事發生，舉辦軍郵所需的幹部。

特訓班除了郵政系外，還有電信系、鐵路系、公路系等，這些都是由原在南京的軍事委員會軍事交通研究所合併而來。特訓班原設星子縣，其後遷來海會寺。

特別班的班址就在海會寺下新開闢的一片傾斜的山地上，中間是大禮堂，兩邊則是一排排的教室和營房，加上氣派宏偉的大門，整個班址，在山下老遠便可望見，整齊而顯目。

大禮堂前是一片廣大的操場，傾斜度相當大，在操場上看禮堂上的講臺，高高在上，益增威嚴。

特訓班的訓練十分嚴格，據說是以日光、空氣、水爲主要的訓練工具。日光就是在烈日驕陽下集合、聽訓或操演，要能支持得下。空氣就是要經得起酷暑、嚴寒、風狂、雨驟。水就是汗流浹背，衣服濕了又乾，乾了再濕，要能挺得住。星子、海會兩地相距數十里，學員們有時列隊跑步來回，接著在操場上集合，汗透軍服，烈陽下外曬內蒸，悶乾了又濕透，濕透了又慢慢變乾，眞要有堅強的體格，才能支撐得住。

海會寺就是這樣鍛鍊學員們的體魄、意志乃至精神。

民國二十六年年初，我從九江奉調海會寺郵局，這是一所二等郵局，祇有局長一人，襄辦一人，局長綜理局務、管票款、登帳、辦理文牘等等，我是襄辦，擔任儲滙窗口工作，另由士差一人擔任郵務窗口工作。局址就在特訓班大門外左側，從海會鎮上來，要走很長一段路，因此顧客都是特訓班的員生，這所郵局，可說完全是爲特訓班而設，另於海會鎭設有代辦所，爲鄉民服務。

初來此間，因局內同事很少，特訓班又門禁森嚴，生活非常岑寂，到是對這馳名天下的匡廬，因此多了一番認識。從山下遠望五老，使你心胸頓覺壯濶，渾然與大自然溶爲一體，仁者樂山，難怪山中的居民多淳樸。至於五老峰前的朝暾、夕照、晨霧、晚霞，在平常是難得一見的美景，此際已成爲我晨昏的良伴了。而清晨、薄暮，從特訓班傳來雄壯犀勁的號聲，更使我精神一振，從出世回到入世。憬然於這個風景絕佳的地方，也就是我們準備抗戰的訓練基地。

我也曾到過隱於林木深茂處的海會禪寺，寺在特訓班的山後，樹木蒼鬱，曲徑通幽，禪房寂寂，與世無爭。從特訓班到此，可說是兩個截然不同的世界，但我想有一點是靈犀相通的，在這民族存亡絕續之際，對日寇的憤懣和抗拒的情緒，不論是方內方外，都是一樣的！

離海會寺不遠，有廬山山南的另一名勝——金井和玉淵，原來廬山的山澗流至此處，經一巨石的缺口下注，水勢澎湃，其下爲一深淵，其深莫測，水流注此，砉然作巨響，漩渦往復，善泳者入此，亦不能出。

在特別班班址的右邊，山腰中有名的三疊泉，也是山南的名勝之一。但我一直未能往遊，眞是可惜。

倒是從海會寺山腳，直攀五老峯，越過峯頂，以一覽山後的景色，這一念頭，一直在我心中迴旋，一般人都說這條路十分陡峻，很難走，因此越發想試一試。記得是一個星期天，一大早，我單人出發，從山下直登五老峯，走到正午，到達峯頂，遠望那邊有西式房屋，東一幢，西一堆的，想來可能即是聞名中外的避暑勝地牯嶺了。我雖家居九江，與牯嶺近在咫尺，如此名勝，以爲早晚可去，倒反不曾去過。此際計算時間，半日上山，正好再花半日下山，因此無法停留細加瀏覽，祇好過門不入，失之交臂。

在特訓班郵政系接受訓練的，除由原交通研究所合併而來的學生外，尙有由各郵區選送而來的郵政現職人員，稱爲學員。他們都是日後抗戰中辦理軍郵的幹部，分佈各戰區，與部隊轉進大江南北，隨軍工作，提供戰士們最便利迅捷的通信服務，溝通前後方，使戰士和家屬獲得最大的安慰，同時傳遞軍事消息和重要文件，任務十分重大。

那時鄰近前線我方政令所及之處，與淪陷區犬牙交錯，自太平洋戰起，大後方與淪陷區海路郵運斷絕，祇有利用陸上彼此交接處，組織秘密郵路，通過敵軍防線，進出淪陷區，運送郵件，因此而犧牲者不乏其人，這是我郵的一頁光榮史。

我於二十六年九月，又奉令調回九江郵局，在海會寺共待了九個月，其間局長姚賡颺因病請假，在管理局派代局長未到前，工作祇好由我暫爲兼代，而局長因病不能辦理移交，等到代理局長到任，必須正式辦理，有些須移交的帳列公物，不知放置何處，幸虧代理局長桂芳先生是先父舊識，是我的父執輩，爲人又和善熱誠，幫著我東尋西覓，才把這些東西一一找出來，也可說是他在幫助我辦理移交，由接任人幫著移交人辦理移交，這也是很少聽到的佳話。

二十六年夏，七七事變，蘆溝橋戰起，八年抗戰的序幕，由此揭開，廬山談話會和一連串的重要會議，都在匡廬舉行，海會寺一時冠蓋雲集。我國已到臨最後關頭，必須奮起抗戰的號召，就是由當時的蔣委員長在廬山宣佈的。我能在海會寺躬逢其盛，可說是畢生最値得紀念的事了！

槍在我們的肩膀，
血在我們的胸膛；
我們來捍衛祖國，
我們齊赴沙場！
……………………
……………………

激昂慷慨的歌聲，伴和著整齊雄壯的步伐，在這山明水秀的祖國懷抱中，是一幅多麼動人的場面！時光易逝，屈指已四十年，但記憶猶新，此情如昨。

原載六十五年七月二十日鄞人天地七七期

再記黃桷埡
——兼送侯委員宛烽

黃埆埡是抗戰期間郵政總局的所在地，筆者於民國三十二年秋自浙江郵區麗水辦事處（那時已遷龍泉）奉調總局，從遙遠的浙江來到黃桷埡總局報到，直到抗戰勝利，三十五年春隨局遷返南京，在黃桷埡共待了二年多。這段記憶，早想執筆爲文，怎奈荏苒蹉跎，一直未及握管。

本年三月一日，胡前副局長全木兄退休，總局在二月二十八日舉行了一個惜別會，我前往參加，發現同日退休者尚有聯郵處方處長有恆兄及在集郵處工作之侯委員宛烽小姐。侯小姐是黃桷埡總局的老同事，也是今日郵政總局碩果僅存的一位黃桷埡時代的老同仁，她的退休，勾起我的一片回憶，爰草此文，以記昔日情景，並送侯小姐，以爲退休誌念。

黃桷埡在戰時陪都重慶的南岸，位於南山的山巔。從重慶過江後，有兩條路可達：一循公路上山，一循山路拾石級上山。石級至少有數百級，現已記不清了，走起來挺費力的。如走不動，可以坐滑干。滑干是一種極簡單的載人上山的工具，兩條長長的竹竿，中間夾綁著一乘臥椅，乘者仰臥椅中，由前後各一人抬著上山，除了代步，一路還可以臥觀山景，蠻舒服的。

這兒是一個山頂小鎮，有短短的街道，也有一個三等郵局，總局位於公路旁，面對一片廣大的田疇，後倚山隈。山上有一所中學，名曰廣益中學，山頂上有一座塔，據說無名氏所作「塔裏的女人」，即是指的此塔。

再往前去，有一所醫院，名曰南山醫院，也有一所中學，曰南山中學。

南京陷落前，總局初遷漢口，繼而大部分人員再遷昆明，少數人員隨當時副局長佘翔麟氏移駐重慶，以便與交通部聯繫，計核處一部分人員則去成都。迨三十一年，黃桷埡局屋落成，昆明總局乃遷來重慶。筆者到總局報到時，各單位都已集中黃桷埡辦公，但業務處汽車課與機務課則稍後始自貴陽遷併黃桷埡。

除了總局以外，儲匯局的壽險處亦在黃桷埡，就在總局的斜對面，隔街相望。儲金處也在附近，儲匯局局本部則在重慶市內的上清寺，準此以觀，黃桷埡可說是戰時郵政的司令臺了。那時總局有一習稱，一般人言談間都稱其爲D.G.，儲匯局則爲P.R.S.B.，想必還是客卿時代的遺跡吧！總局的房屋係分布在山隈的一片不太陡的斜坡上，面積不小，是戰時的簡單連棟二樓建築，一排一排的，整齊地排列在以籬笆圍成的一座大院落內，入門處有一門空地，植有花木，甚爲悅目。進門後左右兩棟房屋皆爲辦公室，而右邊一棟較大，爲長條式的二樓建築，是主辦公室。局長、副局長、秘書室、總務處、考績處（即日後之人事室）、聯郵處等均在此，其餘各單位則散處在其他各棟房屋內。

往裏走，辦公室房屋之後，便是員工的宿舍，一排隔成四棟或六棟不等，視地形而定。各棟房屋有雙開的，有單開的。郵務長住雙開一棟，樓上樓下共四間；副郵務長則住雙開的一底半樓，或一樓半底共三間；一般職員，則按人口分配，人口多的住單開一棟，二間；人口少的則兩家拼住一棟。戰時房屋奇缺，能有如此安居之所，應是很不錯的了。

筆者那時服務於考績處，處長是李文元，一位和善的長者，副處長初爲劉尙義，後爲曾慶祿。局長爲徐繼莊，副局長余翔麟，其後余氏調任交通部專門委員，遠赴甘肅，由業務處處長霍錫祥兼任副局長。

大門正對面隔著公路是一畝池塘，夏日荷花盛開，煞是好看。右前方則是阡陌縱橫，一大片田畝，四川自古爲天府之國，也支援了抗戰。後門則正在山腰，闢有防空洞，以避空襲。那時正值重慶大轟炸之後，市區防空洞，因空氣不流通而悶死不少人，談起來餘悸猶存。

戰時物資不足，生活也簡單，一襲藍布大褂，或陰丹士林學生裝或中山裝，就算是不錯的了。陰丹士林是那時一種藍色布的商標，而後便成了這種布的名稱了。

郵局那時是按物價指數發薪，與一般機關比較，待遇可算是較好的了。筆者那時尚未婚，老母在堂。一弟在國立中學就讀，一切公費。母子二人，平日生活，尚可應付，如遇寒暑假弟弟返家，一家三口，則有些困難了。生活雖苦，但同仇敵愾，大家也就甘之如飴了。

黃桷埡似乎沒有電影院，要看電影、聽平劇或看話劇，必須下山進城。那時是話劇的全盛時期，演得極好，十分感人，也足以振奮人心，我們常於週日上午進城，中午在小館子吃一碗菜飯，下午則去抗建堂看話劇，記憶中如「清宮外史」（名字已記不太清楚），其傷感處眞令你落淚，可惱處又令你髮指，如此話劇，可謂已入化境。電影方面，記憶中如戰地鐘聲，正是那時的名片。

黃桷埡的生活，極爲平靜。我曾參加當地的一個歌詠隊，是由各機關的年青人共同組成，約有數十人，其中有一位南山醫院的護士小姐，嗓音最好，每當大夥兒在一起練唱時，她的聲音最突出，老遠即可聽到。聖誕夜我們還到各家去報佳音，直到天亮，可說是在那漫天烽火中，難得的寧靜。

敵寇投降，我們從收音機中，得知消息，欣喜欲狂。隔江的重慶市，此時正萬頭攢動，一片歡聲。「劍外忽傳收薊北，初聞涕淚滿衣裳。」喜極而泣，八年抗戰，於焉結束，再見黃桷埡，我們也準備買棹東歸了！

原載七十六年三月三十一日，鄕人天地二〇五期

我憶蓋竹

大約是民國三十一年前後，由於戰事逼近，浙江郵政管理局辦事處從原駐地麗水遷往蓋竹，那時我在辦事處的計核股（即是現在的會計科）帳務組工作，便也隨同來到蓋竹。

這兒是一個座落在山裡邊的村落，說它是村落，似乎委屈了一點，但若稱它為鄉鎮，好像又誇大了一點，全村約有百來戶人家，其中也有幾家較大的宅院，一條窄窄的石板路，就算它是街道吧，也有幾家店鋪，點綴其間。

村子距離公路約摸四、五里地，屬龍泉縣，約當龍泉至浦城公路的中央，近浙閩交界處，從公路下車至蓋竹，都是曲折的田野小徑，還須穿過一兩道小溪，溪水清冽。

蓋竹地處浙省西南，群山環拱，清晨入暮，常見山中有雲霧繚繞，也許這就是所謂瘴癘之氣吧？住在這兒，很容易感染而害上惡性瘧疾，據說村裡人因此不敢洗澡，一生衹洗三次，一次是出生，一次是結婚，再一次便是魂歸天國了。此話不知是否當眞，但他們終年用小爐子放在桌上煮菜吃，雖在盛夏，亦是如此，卻是我親眼所見。易患惡性瘧疾，也是事實，至少我個人有此經驗，有時去公路經過小溪時赤足涉水而過，便覺涼意徹骨，回來準發瘧疾無疑。

辦事處同仁共約數十人，每至一地，最頭痛的便是找房子，如此村落，這麼多人一湧而至，情形也就可想而知，幸虧鄉村地方，舊式房屋，都是屋大而人少，最後大家都能各就各位，安頓下來。我奉母携弟，一共三人，也找到了一個房間，總算安定了。

辦事處是分在幾處辦公，計核股好像是和運輸股同在一處，其餘各單位如總務股、內地股等則在另一處，辦事處主任何幼村是一位慈祥和藹的老頭兒，大家都尊稱他為何伯伯而不名，計核股股長林鍈也是一位和善的長官，主任股員童維善，因他有位弟弟童旭也在辦事處任總務股股長，故人稱他為大童先生，而稱其弟為小童先生。大童先生是老會計，而且中、英文俱有根底，那時計核股每月必須準備財務報告寄送總局，其內容不僅包括收支情形，連儲滙業務狀況也在內，用英文撰寫，這些都由大童先生親自起稿，交我打字，我還清楚的記得他的英文字體與一般人不同，是頭向左、腳向右傾斜的，據說這種字體，表示性情梗直，我不知這種說法是否正確，但大童先生之為人，的確如此。

我在帳務組是擔任區際撥款的工作，所用撥款單分黃色、綠色、白色等數種，因區際撥款有代他區付款、代他區收款和現金撥款等不同情形，故以顏色區分，視每筆撥款之性質而分別使用。記得我剛到帳務組時，這項工作原由范仰墀先生擔任，還有做薪水單、發薪水、登零用帳等，都是他一人包辦，而且都要用英文，後因一人實在忙不了，才找我去幫忙，後來他調任內地審核組組長，才由我接辦撥款的工作。

仰墀先生的太太在麗水大轟炸時不幸遇難，中年喪偶，本大不幸，搬到蓋竹後，與同事劉君同屋，竟獲其女青睞，因而結褵，劉小姐雅好皮簧，在麗水曾演出多次，他們的結合，不僅平添了一段亂離中佳話，也羨煞了不少蓋竹年青單身漢。

那時辦事處年青同事甚多，我也入局未久，小伙子們混在一起，十分熱鬧。雖係鄉居，不僅不感岑寂無聊，反而因地方小，無處可走，大家時相過從，談天說地。下班飯後，閒步村落，溪邊田畔，常會遇到一起，無拘無束地談笑起來。眞有世外之感。

在月白風清之夜，我們也會嘯傲田野。記得在一個月色皎潔的晚上，我漫步溪邊，泉聲潺潺，從光潤的石頭縫中流出，四野寂寥，想到烽烟遍地，敵騎就在不遠，家鄉淪落，音訊全無，不覺有感於懷，信口脫出四句：

明月松間照，
清泉石上流；
白雲飄忽過，

悠悠共此心！

我也記不起這是否前人的舊句，是否合乎音韻，祇覺得一吐爲快。

年青同事固然大家談笑在一起，就是年紀較長、資歷較深的同事，公餘也常在一塊，很和得來。內地股有位主任股員蔣君，寫得一手好字，腹笥也不薄，聊起天來，娓娓而談。總務股主任股員孔君，高高瘦瘦的，居然還懂醫道，鄉下無醫生，有些風寒濕熱的，就請他開方了。

那時還有皖南的郵局，也撥由辦事處兼管，因此有四、五位皖區同仁也隨這些郵局撥歸浙處，就在內地股內成立了一個皖南組，這幾位同仁，也都與我相處甚得，其中還有喜愛平劇的，拉拉唱唱，非常熱鬧。

年青朋友們玩意兒也不少，最方便的是利用每人都有的一付嗓子，三三兩兩，來個男女混聲合唱，至今還有一些尙在記憶中的老歌，便是那時學會的。此外，使我印象最深的，便是二胡。

二胡一名南胡，其音低沈而幽怨，與京胡之高亢聒噪不同，本爲市井小民之大衆化樂器，並不入流。迨民初北大教授劉天華先生出，始有創造性之改進，天華先生原習小提琴，嗣習南胡，因以提琴之法入於南胡，而演奏之術乃丕變，先生復爲譜新曲如空山鳥語、病中吟、燭影搖紅等，南胡之身價乃大增，被譽爲中國之小提琴。

記得以前似是在碧湖時，曾聽人拉過二胡，眞是如怨如訴，沁入心脾。碧湖那時可說是浙省的文化城，著名的聯高和聯初都在那兒，不獨文風盛，音樂之風也很盛，那時孫多慈教授在聯高執教，好像是在她結婚前後，麗水曾舉行過一次月光晚會，幾十支小提琴一同演奏，在那時眞是難得的盛會。孫女士也常在麗水舉行畫展，我常去參觀，尤喜她的油畫，惜乎來臺後很少看到她的展出。

同事中有人會拉二胡的，我就跟他們學習，上面所說的那些名曲，居然也能湊上開始的一兩段，可惜後來奉調總局，不知是否我沒有發現，重慶似乎很少人玩二胡的，我與它的友情也就到此爲止了。

年青人的活力是多方面的，有一次不知是否是甚麼節日，有人發起演話劇，在那種沒有道具、物質條件不夠的情況下，由於男、女同事的熱心，居然演成了。大夥兒幫忙的幫忙，跑腿的跑腿，這股勁眞夠瞧的。我不會演戲，就替他們寫說明書。除了話劇外，我記不得是否還有平劇，總之：是夠熱鬧的了！

過年了，鄉下雖然沒有甚麼特別的美味，卻是會自做年糕，你祇要把米和工錢給他，就可拿回一蒸籠一蒸籠的年糕，這一年，年糕眞的吃了不少。

那年－三十一年－舉行的高考，其中有特種考試高級郵務員考試，同時舉行，但東南區祇有一個試場，設在閩省之永安，距蓋竹甚遠，浙區祇有我一人報名。

那時浙閩交通，就靠一條自龍泉往西的公路，從龍泉到永安，公路局班車是分段行駛，除了公路局外，郵局也有定期郵車分段行駛，但較公路局的分段爲長，自龍泉至浦城是一段，浦城至南平是一段，南平至永安又是一段。

由於交通遲緩，我的准考證久久未見發下，計算郵件日程，已是趕不及收到，臨時祇好通知（似是拍一電報）永安高考辦事處（設在永安閩省教育廳內）請將我的准考證留在彼處，俟我趕到時往領。

行前承股長林鍈先生特准預借給我一筆疏遷的旅費，才得成行。

那天，我搭乘郵車到浦城，因浦城到南平之郵車並非逐日班，祇好改搭外界公路車，而公路車行程遠較郵車爲短，係浦城至建陽爲一段，建陽至建甌爲一段，建甌至南平爲一段，要分別搭車，十分不便，戰時公路車又是出了名的靠不住，有：「一去兩三里，拋錨四五回」之說，我所乘的車，果然不出數里就拋錨了，修了好一會，總算修好，如此走走停停，停停走走，一段一段，好不容易，總算挨到了南平。

一到南平，氣象迥然不同，一片繁榮，看不出戰時景況，遂即搭上郵車，翌日傍晚趕到永安，下車後即到教育廳內高考辦事處領到准考證，正好是考試前夕，經辦人笑向我說：「算你好運氣，居然趕上了！」

考場內遇到紫明兄，一見如故，他在軍郵第四總段服務，爲了準備參加考試，早就來此已近一個月了。他住在東南旅運社，這是永安最好的旅館了，已客滿，承他相邀，我遂遷往與他同居一室。

考後回蓋竹，鄉下地方，消息不靈，很久未接到高考辦事處任何通知，自分錄取無望，不想有一天下午儲金組嚴子涵兄忽來我辦公室說報紙上已有發榜消息，並賀我錄取，隔了幾天，才收到正式通知，總算永安沒有白跑，眞是僥倖。

三十二年夏秋之交，我因蕭靜軒和何季笠兩位先生的推介，奉調郵政總局考績處，奉令之日，十分高興，因我在浙區雖已數年，同事們相處甚得，但對戰時首都，早已嚮往，尤其是郵政總局，可說是郵政從業人員心目中的聖堂，大家都稱之爲D.G.而不名。那時全國有二、三十個郵區，從老遠的浙江，奉調總局，的確是不易，因之奉母携弟，欣然就道，從蓋竹到重慶南岸黃桷埡，長途跋涉，繞了一個大半圈。

別矣蓋竹，我於三十二年九月四日向黃桷埡總局報到，浙區舊事，從此衹有於回憶中得之矣！

原載六十三年三月二十日交通建設二三卷三期

烽火當年憶浙區

浙江郵區是我服務郵政早期的一個值得懷念的地方。

我於一九三九年七月一日奉調浙區麗水辦事處。一九四三年秋奉調時在重慶的郵政總局，九月四日到重慶南岸黃桷埡郵總報到。在浙區共待了四年多。當時入局未久，正值年少，可說是人生的黃金時段。

一九三六年六月我在江西九江入局。三八年七月九江淪陷，遂隨局到吉安清理積存郵件。約在三個月後，郵件清理完畢，又隨局去浙江。搭小舟循甌江順流而下，直抵溫州，再轉海輪至上海，待命回九江恢復局務。

次年初，我們從上海搭輪回九江，同船的還有安徽管理局一批人員回安慶恢復局務。在一個寒冬之日，我們回到了被敵軍占領的九江。

那時九江尚在敵軍戒嚴之下，不能隨意通行；僅劃出一小塊，爲難民棲身之所。其餘全城房屋，絕大部分，都被摧毀，一片瓦礫。經過了一段準備時期，我們總算找到一間民房，酌予修復，才正式開始營業。

我回九江的另一目的，是探視未能撤離的家人，並設法將之携出。就在戰前，我已考取江西郵區的乙等郵務員，但一直因無缺未補，此時我乃呈請願調往他區補缺，未幾，遂奉調浙江郵區的麗水辦事處。得能如願調往後方，當時的欣慰，無可言喻。我遂奉母携弟，搭輪去上海，記憶中似是由滬轉輪去寧波，在淪陷區憋了好些時日，初到寧波，乍見我國旗，內心感觸，不覺淚下。而後經奉化、嵊縣、東陽、永康達麗水。

浙省的山川秀麗，在年前順甌江南下至溫州時，即已領略到：甌江水面不寬，也不深，但清澈見底，卵石歷歷可數，有時船娘會赤足下水，推船前進，好一幅寧靜悠美的圖畫，眞不知人世間尙有戰爭。

我於三九年九月四日向麗水辦事處報到，派在會計股帳務組，幫范仰墀先生作薪水單及一些雜務。組長是一位個子瘦小的葉先生，每天將一疊厚厚的帳冊，自庫房中搬出搬進，帳冊是有半張報紙那麼大，搬起來很吃力的，對這疊帳冊，我頗有高不可攀的感覺，只有仰望而已。

會計股不只管帳務，記憶中似也管儲金和滙兌。儲金組組長蔣壽珪先生，是集郵的前輩；滙兌組組長似是胡政道先生。會計股股長起初似是由主任股員童維善先生代理，其後是江明超，再後則是林鍈。

辦事處的辦公室據說原是一間教堂，除了庫房部分有所間隔外，只有主任何伯伯（幼村）的辦公室隔成一小間，其餘都屬一個大敞廳，各單位間並無間隔，可說是完完全全的開放式，因此同事們都十分熟悉，頗爲融洽。

辦公室外有空曠的院落，蓋有一座簡單的防空壕，麗水郵局也在附近。

初到麗水，所感覺到的：只是當地的平靜，和同事們的親切，似乎嗅不出戰爭的味道。

一九四二年，日寇的進犯，轉向東南，五月，浙贛會戰。在此之前，日機先展開了轟炸，四月二十三日，麗水發出空襲警報，郵局同仁眷屬們，有不少躲入上述防空壕中。我正在辦公室，本來也準備躲入防空壕，不知怎的，臨時又改變主意，即在辦公室中，躲在庫房附近。等到警報解除，方知防空壕正中一彈，因而崩塌，壕內多人，被活活壓悶而死，麗水郵局局長朱家堡氏夫婦及部分家人也在其內。一下子平添了數十具棺木，景況淒涼。

此後常有日機來襲，我們遂結伴逃至城外甌江江畔躲避，那裡地勢空曠，有一處江邊岩壁，伸出江中，覆蓋水面，是一絕好的天然掩護。我們一大早便出門，直到天黑才敢進城。

麗水地方不大，記憶中僅有一條窄窄的長街。有一天我們躲在城外，只見日機盤旋上空，竟日轟炸，入夜進城，餘燼仍在燃燒，整條長街，都成灰燼。火場中有焦炭形的東西，原來是遇難者的屍體，已被燒焦了，眞是慘不忍睹。

此時敵寇日益逼近，不得已，辦事處只好準備搬家。六月二十三日，撤遷雲和，會計股則遷往松陽，又遷附近之古市。未幾，日軍進逼，我軍調整防線，松陽已在防線之外，至爲危險。記得那一夜，會計股大夥兒包括股長林鍈。主任股員大童先生，澈夜會商，如何逃離這危險地，尤其女同事和女眷們，更是害怕。於是連夜向碧湖方面行進，天明之後，進入我軍防線，才有了安全感。整個辦事處會合後，遂於二十九日撤至龍泉八都的蓋竹鄉，中間曾一度遷至福建省建甌，旋又遷回。八月十日，又遷閩省沙縣，九月三日，仍遷回蓋竹鄉。

蓋竹是近浙閩交界處的一個山中小村鎭，從公路上的八都站小路進來，越過溪流，須步行一段時間，循著山徑，到達鎭上。辦事處人多，似是分在幾處辦公，會計股佔用一整棟民屋，是一棟四合院的建築。我的工作，已改爲做區際撥款，外兼繕打每月的財務報告，報告由大童先生以英文擬好草稿，交我繕打、寄發。

這段期間，似曾在麗水招考過一次郵務佐，在蓋竹曾舉行過兩次考試，一次郵佐，一次乙員。因此，新進年輕同事甚多，其中女同事也不少，可惜我這大笨牛，直到離開浙區，仍是王老五。由於有那麼多年輕同事，蓋竹雖是鄉間小鎭，卻充滿了活力。下班後三五相聚，除了動人的抗戰歌聲外，我印象最深的是二胡的琴音，一曲空山鳥語或病中吟、燭影搖紅等等，似乎仍在耳際。

四三年，我奉調位於重慶黃桷埡的郵政總局，這才辭了浙區，離開蓋竹，於九月四日，抵渝報到。

一別半世紀，往事如烟，忽遠忽近，白頭宮女，何日再來？

原載一九九五年九月十五日上海郵工同仁聯誼會會訊第十九期

在百色斯達

窗外冬日午後斜陽，在連朝苦雨後，顯得分外溫暖，天空晴藍一片，金黃色的陽光，灑滿一地，著實逗人遐思。百色斯達的情景，不覺重現腦際。

百色斯達（Bethesda）是位於華府西北的郊區，一條威斯康辛大道（Wisconsin Ave.）自華府直貫此地，有如羅斯福路之連接臺北與景美。車行祇需半小時，但此地卻屬於馬里蘭州。

小鎮的商店就在大道兩旁，這段街道不算很長，但有銀行、有郵局、有電影院、有超級市場、有各種商店，可說是麻雀雖小，卻五臟俱全，店屋一般並不甚高，但很整齊，馬路寬廣平直。街道過去，就是美國海軍醫療中心及國立衛生研究所，這兩個機構都佔地甚大，綠草平鋪，視野廣闊。

我喜愛這個小鎮，喜愛它的寧靜和整潔，街道上來往車輛雖多，但卻聽不到一聲喇叭，有時跨過馬路，不經意地一輛車會在你身旁輕輕地停下，讓你過去，當你發覺它時，駕駛人不但沒有不耐的顏色，而且非常友善，揮手示意，在此情形下，我這看慣了人車爭道的人，倒反覺得不好意思，急忙走過，好讓車子開行。

這裡也無擁擠不守秩序的情形，在超級市場買東西，或在郵局買郵票、寄信，在櫃台前我偶一回頭，有時這才發覺身後靜悄悄地排隊站了幾個候補的，也不知他（她）們已排了多久，可並無絲毫不豫之色，因爲這已成了習慣。每次發覺後面有人排隊，我總是加速辦好要做的事，好儘快讓下一個人。

餐館中的菜餚自然遠不及臺北的美味，但餐館中的寧靜，卻是臺北一般餐館中所不易享受到的。當你入座後，侍者輕輕走到你桌前，問好所要點的菜單，吃完後將帳單反面向上輕輕壓在桌上，客人所給的小費也是輕輕地放在盤子下，自始至終，沒有一聲吆喝，想到國內有的館子堂倌們要將客人所點的菜如傳口令般地大聲朗誦一遍，結帳時更要如數家珍、滔滔不絕地當著客人的面計算，好像是表演一番他的心算本領和口才，不禁啞然失笑。

餐館中特別令我欣賞的是廚房的潔淨，這是在國內不易見到的。

與威斯康辛大道垂直的是通往兩邊住宅區的小馬路，雖說是小馬路，仍然是相當寬廣，柏油路面平直而光潔，兩邊兩行高大的樹木，排列十分整齊，樹的那邊是有相當寬度的草地，再過去才是一幢幢、各式各樣、互不相連的住宅，也並不高大，多數都是二層的建築，住宅週圍都是碧綠的草坪，雜以花木，並無墻垣，鄰居間最多也不過是隔以一行冬青之類的植物，當作籬笆而已！

偶有幾個小孩，溜出來嬉戲，遠處一輛汽車，輕靈地滑過來，並無聲息，衹有擦地的些微音響，落日餘暉，從樹梢穿過來，分外顯得恬靜。

我們抵達百色斯達之日，正是暮春三月，慶雲先生特地打電話來，告訴我華府櫻花正盛，我們初履斯地，不知如何去法，正在向樓下櫃台詢問時，一位老者笑說：就在近處即有櫻花林，何必遠去華府？並自願用車相送。果眞就在附近住宅區中，不過幾分鐘路程，就有一處很大的櫻花林，正在盛開，繽紛大道，在一片艷麗中，露出幾處古意盎然的屋宇，煞是好看，據說這一帶的房屋，特別昂貴。

我們的居處在威斯康辛大道八二〇〇號，臨街是店面，後面是公寓，約摸有十層左右，我們住在三樓三一五號公寓，二房二廳，臥房約有八個塌塌米大小，各有廁所連浴室一間，客廳約十個塌塌米，廚房設備甚全，有冰箱、洗碗機、去雜物機、烤箱等等，室內全部地毯，並有自動調溫設備，家具被褥，一應俱全，每日尙有工人前來清潔及洗換褥墊等，據接待我們的美郵主管國際郵政合作事務的查華特先生告知，這種公寓，在美國也算是很新的了。據說屋頂還有游泳池，但因天冷，尙未開放，我們也一直未去參觀。

美國郵政在百色斯達設有「郵政管理研究所」，我們一行四人，於六十年四月九日來所報到，上午九時，由所中人員引見所長柯樸先生，在他不算太大的辦公室中，圍著一個長形方桌而坐，陽光射入室內，分外溫暖，柯樸先生是一非常和善可親的老者，滿頭白髮，但身體極爲健康，主持這個研究和訓練機構，不僅毫無道貌岸然的氣概，而且平易近人，十分詼諧，也許這就是他辦理訓練工作的成功之點。中午他親自開車請我們到附近一家中國餐館午餐，這是一家小巧而相當精緻的餐廳，女主人正好是從臺灣去的，覺得分外親切。柯樸先生一路和我們談談說說，非常風趣，使我們毫無他是所長的感覺。

這時，華府正鬧嬉皮大遊行，慶雲先生時有電話來，關囑我們不要外出，以免遇到意外，盛意可感。其後又邀請我們到他家晚餐，由其公子駕車來接，他家住在銀春鎮，也是華府郊區，與百色斯達毗連，一路經過之處，都是住宅區，馬路平直寬廣，其旁則綠草如茵，十分整潔，使人有寧靜而舒適之感。是晚在座的還有從臺北去的國際電信局王局長庭樑先生和該局的石先生，連同我們四人共有客人六人，滿滿坐了一桌，蕭夫人親自下廚，忙出忙進，這份熱情和親切，使我們頓如回到故鄉，慶雲先生原任交通部參事，駐在華府，是一位交通界前輩，此時已退休，但身體很健康，和藹可親，十分健談，非常關心國內情形，我們坐了很久，才由蕭夫人駕車送我們回公寓，盛情眞覺過意不去。

除了美國的嬉皮大遊行外，中國留學生也有一次遊行，是爲釣魚臺事件而舉行的，那天我們在林肯紀念堂前的廣場上，正好遇到他（她）們在那兒集合，在國外看到我國青年如此大規模的遊行，眞有無限的感觸。

在百色斯達還見到幾位中國友人，其中一對是住在對面公寓中的陳先生夫婦，陳先生在附近的美國國立衛生研究所工作，太太則在一家銀行工作，另一對是紹丞兄友人楊先生夫婦，先生在一家公司任職，太太則在馬里蘭大學執教，此外則是同事靜涵先生的長公子成儀兄，他在達拉維爾大學任教，特地開了幾小時車來到我們居處相邀，這些友情，令人難忘。想到國人在美，從早年的華工變爲今日的高級知識份子，從勞力的輸出演進爲智力的貢獻，而有：「有中國教授的大學才是好大學」之說，眞覺得以做中國人而自傲。

我們在「郵政管理研究所」參加管理方面的研討並選修幾門課程，在百色斯達居住了將近兩個月而於五月二十九日飛往紐約，行前柯樸所長特約我們到他的辦公室，我們以爲定有一篇臨別的談話或勉勵，不想他見了我們，除了含笑致意外，不慌不忙地從辦公桌邊取出一頂紅番所戴的帽子，要我戴上與他合照，這一餘興節目，不禁使我們大笑，也爲這兩月來的忙碌生活，作了一個輕鬆的結束，至今這張照片我尙珍存以爲紀念。

五月二十九日星期六，我們的飛機是十一時半起飛，查華特先生夫婦趕來相送，在我們留美期間，他爲我們作了最好、最完全的安排與照料，今天週末，是他休息的日子，卻帶了太太趕來機場，這確是一份難得的友情。

在這溫暖的冬陽中，使我想起在百色斯達的日子，它的整潔、恬靜和友情，誰說祇有臺灣才有濃厚的人情味呢！

原載六十四年三月二十日交通建設二十四卷三期

美郵鱗爪

去年美國新聞與世界報導U.S. News & World Report雜誌編者曾訪問美郵政部次長Charles R. Hook氏，就郵政各問題，請其發表意見。氏對編者提出之問題，均有詳盡之解答，尤其對郵資問題，更有精闢之見解，即郵資之調整，應先制定公式。此點與我國現行辦法，不謀而合。他如郵政費用，應全部由使用者負擔，揆其旨趣，亦正與我「企業化」之精神相契合。他山之石，可以攻錯，爰與蒐集之美郵其他資料，併予摘譯，題曰鱗爪，用資備忘云爾。

「不管那雨、雪、風、霜，
寒來暑往；
也不管黑夜漫漫；
傳書致遠，
全賴我迅捷的郵差！」

這是紐約第八街郵局大廈正門上所刻的幾句話。約在西曆紀元前四三〇年，希臘歷史學家Herodotus寫下了這幾句話，讚美波斯王Xerxes的騎差。四十年前，建築師William Mitchell設計紐約郵局大廈圖樣，刻上了這幾句，遂使之成爲舉世咸知的名句，也成了綠衣人的格言和工作寫照。

美國郵政所辦業務甚多，除了一般的郵政和儲匯業務外，還出售稅票，貼在打獵執照上的候鳥票，製造並修理鎖和郵裝，甚至分發退伍軍人逝世後覆蓋棺木所用的國旗。它底郵政儲金總額，達二十三萬萬餘元，是世界最大儲蓄銀行之一。郵政部長Summerfield氏說得好：「郵局是一個通訊機構、一家銀行、一個保險和代收處、一所執照局、一間印刷廠、和一個情報中心的混合體。」

郵政是美國最大事業之一，擁有員工五十萬人，郵局四萬所，郵路二百二十五萬英里，全年處理郵件五百四十萬萬件（每年增加率約爲百分之七，自一九四〇年以來，已增加一倍），多於世界其他各國郵件之和。全年收入達二十五萬萬元。

收入數字，雖然如此龐大，仍虧折甚多，一九五二年全年虧七萬萬二千七百萬元，一九五三年六萬萬六千三百萬元，如按日計算，平均每日幾虧達二百萬元，自第二次大戰以來，虧損累積數已達三十八萬萬元，年須付息一萬萬元。郵政史上，一百一十五年來，僅有十八年未有赤字。

虧損之數，應否由國庫補貼，易言之；即由納稅人負擔；這是一個爭論已久，而仍不失其現實性的一個問題。郵政部次長Charles R. Hook 氏對此最近曾有所論列，足以表示多數人對此的意見。氏謂：「郵政的本質雖爲一公用事業，但使用者多屬商界—據統計郵資收入之百分之七十五，係由商人納付。易言之：與郵政往還最密者，厥爲以營利爲目的之商業。故郵政費用，應全部由使用者負擔，不能出諸一般納稅人。」

關於郵資之制訂，Hook氏亦有精闢之意見，氏謂：「美國的郵資並不由主管郵政事務的郵政部長訂定，眞是滑天下之大稽；如此虧損，也是各國郵政所少見。比如加拿大，過去二十一年中，倒有十九年是賺錢的，上年盈利達六百萬元，但自本年四月一日起他們仍將第一類郵件資費，加到五分，原因是本年內將有若干例外支出，須要增加郵費，以資彌補。他們認爲郵政不能增加國庫的負擔，成爲國庫的漏洞；但我們的觀點，似乎恰恰相反。

郵資問題，歷來爭訟不息，因此我們曾建議國會，制定一調整郵資公式，另立一獨立之專門委員會，遇物價上漲，郵政部長要求增加郵資時，即由該委員會負責審查是否與已定之公式相符。國會認爲必要時，可以修改公式；但郵政方面提出之增加郵資的要求，是否與公式所定符合，可授權該委員會負責辦理，國會不必過問，這樣可以一勞永逸，不致再爭論不已了。」

美郵政擬將第一類郵件資費由三分加至四分，航空資費由六分加至七分，事先曾請普林斯頓Princeton某專門公司就此問題舉行民意測驗，結果贊成郵政應自給自足Pay-as-you-go者達百分之七十九，贊成增加第一類郵件資費者百分之五十六，贊成增加第二類郵件資費者較多，贊成增加第三類郵件資費者最多。

美國郵政現正與各公司及標準局合作，研究改進郵政機械，其一爲翻信機，巴的摩爾Baltimore郵局將可出產樣品一部，此種機器可以自動整理信函，將貼有郵票之一角，置於同一方向，同一地位，以便蓋銷機之蓋銷。

其次爲分楝機。目前之郵件分楝機，雖可藉撳動電紐，將信件送至適當之分信隔內，分楝者可以安坐不動，不必往來奔走，但仍須依賴人類目力分別按信封所書地名撳動不同之電紐，故速度仍受人類體力的限制，且不免有誤。現正研究一種機器，可以代替人的目力，辨識信封地名，據悉已有若干希望可能製造一種機器，可以辨認打字機打出之字體，但辨認手寫字體，則尚屬渺茫。

全美最大郵局——紐約郵局有員工三萬七千人，紐約郵局長之薪俸，亦爲各郵局長之最高者，年俸一萬三千七百七十元，約爲該局最低級人員薪俸之四·八倍，郵政部現擬將其提高至一萬四千八百元。

郵政部對整個郵政人員薪級制度，感覺不甚合理，擬重新訂定，曾聘請管理之專門公司，就職務分類標準，擬具修訂辦法。按照該項辦法，大部份人員，年薪可增加約一百元，但工會之要求，則為每人年俸增加八百元，按照前者，每年增加開支約八千萬；按照後者，則為四萬萬。

一如我國郵政人員之將「高級郵務員」稱為「甲魚」，薪級到達最高級稱為「畢業」……，美國郵政，也流行著許多混名，放著的空郵袋叫「懶鬼」，平常郵件中尋出來的掛號清單叫「黑名單」，工作完畢後的這塊地方叫作「跳舞廳的地板」，地址不詳的信件叫「舊衣服」，善於辦識地址不詳信件的人叫「女水鬼」……。

每年死信約二千三百萬件，包裹一百萬件。因處理死信而發現之款項達十萬元，包裹變賣約三十萬元。

「女水鬼」們辨認地址不詳的信件，本領眞夠驚人，福爾摩斯也得折服。有的地址，是用電碼寫的，有的用五線譜的音符，有的用字母的順序數字，有的用圖畫，甚至有用化學符號的，例如「水城」Watertown竟有寫作「H_2O城」的。至於將字拚錯的，更是多不勝計，據統計「支加哥」Chicago的錯誤拚法，達一九七種之多。

平常郵件交由航空運送，若干歐洲國家，早已實行；我國在勝利後俞大維氏長交通部時，亦曾實施。但在美國，直至一九五三年，始作爲郵政部長Summerfield氏的新政，於華盛頓，紐約，支加哥三大城市間辦理，至本年初，始推及於佛羅里達Florida若干地方，最近才及於西部大城。

直昇機運送郵件，二次大戰後始行應用，初在洛杉機實驗，嗣及於紐約與支加哥。直昇機可利用屋頂平臺裝卸郵件，目下已有五十二所郵局利用它投送郊區郵件。在車輛密集城市，利用它接送飛機場郵件，較地面交通，快速甚多。

公路行動郵局創始於一九四一年，迄今共有一百二十三線，代替了一部份火車運輸，每闢一線，所至之處，當地民衆，熱烈歡迎，列隊奏樂，發表演說，忙個不了。尤以西部各地爲甚。但也有些地方，十分保守，仍舊歡迎古老的馬車郵運。至於山地崎嶇小路，則祇有藉馬差傳送了。

美國郵政有一種委託私人代運郵件的方法，此種郵路，稱爲「星路」Star Route，這個名稱的由來，是因爲每一訂約代運郵件者，必須具備確實、安全、迅速三條件，後來有人爲了避免書寫的麻煩，便畫三顆星代表這三個條件，於是這種郵路便被稱爲「星路」了！

我國郵政信筒，係用綠色，祇有少數特快信筒，加漆一頂乳白色「帽子」。美國信筒，有用紅、白、藍三色相間者，這三色係代表美國國家的顏色，與國旗顏色相同。

美國第一任郵政部長爲Samuel Osgood，他於一七八九年就職，其時全國郵政局長，共僅七十五人，十一年後，郵政部遷往華盛頓，部內人員，祇有九人。

集郵業務，甚爲發達，全美集郵者達一千二百萬人，經由華盛頓集郵組直接售出之集郵郵票，年達二百五十萬元，至由普通郵局窗口售出者，則無法估計。但數額一定是十分龐大的。

郵票因背面膠質味道不佳，曾有「政府的膏藥」之雅號，現經數度改進，不僅膠質滋味不錯，並有營養價值。

馬里蘭洲Woodstock地方一天主教學校內，有耶穌被釘死十字架圖一幀，全圖係用四三二四枚已蓋銷郵票拚湊而成，即眉目亦係利用郵票上的日戳印紋拚成，未加一筆，且所有郵票均保持完整，僅有二枚被切破，圖上並拚有「Salus Mundi」（救世）二字。

「是愛與同情的使者，
友朋間的魚雁，
孤寂者的安慰，
客居的鄉音，
人類共同生活的擴大；

是智識和訊息的傳佈者；

是工商業的媒介；

它促進和平、善意和相互間的認識，

及於全世界，全人類。」

這是華盛頓郵局大廈上所刻的幾句話，它告訴我們郵政所負的使命，也告訴我們郵政是甚麼。它讓我們知道郵政是大衆的僕役，也使我們更體會出「世有郵政，生活才不寂寞」這句話的眞義。

原載四十三年三月十五日交通建設四卷三期

旅菲瑣記

記菲大統計中心

東方之珠

筆者於上年十一月間奉派赴菲參加菲大統計中心（Statistical Center, University of the Philippines）研習統計。先是早在四月間即經由交通部接得外交部通知，告以曼谷方面來函以聯合國在馬尼拉設有統計中心，代此一地區各國訓練統計人員，徵詢我國派員參加，但以辦理入學手續往返查詢，到十一月上旬，才接得我駐菲大使館復電完全辦妥，遂即趕辦出境手續，于十二日赴菲。行前復奉總局賦予另一使命，即因赴菲之便，附帶研習菲島郵務。

十一月十三日，臺北正是已涼天氣，加以前一日有颱風，涼中略有寒意。那天起得甚早，內子知我性畏冷，囑我多穿點衣服，我因聽說菲島天熱，說不定到時又要脫去，頗不願意，但終於襯衣內加了一件毛線背心。一時左右，飛抵岷市，步下飛機，祇覺一股熱流，有如盛夏，機場工作人員，都是薄薄的香港衫一件，我則西服領帶，配備齊全，內加毛線背心一件，暗呼上當不止。如此直到旅館，始得解脫。

當飛機飛抵岷市上空時，祇見海灣之側，各色各式的玲瓏建築，鋪滿一大片，東一簇，西一塊，倒也清新別緻。馬尼拉，這個帶有女性音韻的漂亮名字，配上如此美麗的海灣，難怪菲人要以東方明珠（Pearl of the Orient）自居了！

杜威大道

步入機場檢查室，因行前外交部已有電至菲，承使館余中天兄來機場照拂，即在檢查室進口處相候，一切便利，不過十數分鐘，所有手續，俱已辦妥。出檢查室，華僑游、蔡二兄來接，早已在此等候，遂驅車逕赴旅館。

離開機場，汽車即循海灣杜威大道前行，這條馬路爲馬尼拉最美的一條馬路，路面寬廣，兩旁樹木成行，路邊空地，綠草如茵，海濱落日，爲岷市勝景，每值夕陽西下，市民攜妻兒漫步海邊，或駕車徜徉杜威道上，斜暉未盡，與路側霓虹燈相掩映，確是一絕。

岷市大建築多在此大道或其附近，如馬尼拉旅館、菲律賓人旅館及海景樓等，我使館亦在此大道上，紅簷圓柱，極富中國色彩。

統計中心

第二日，即至統計中心報到，教務小姐爲我選了三課，一是統計分析（Statistical Analysis），一是統計實務一及二（Statistical Operation I & II），一是統計實務三（Statistical Operation III），編號爲二〇一、二五一及二五四。原來中心所開課程，均編有號碼，一字開頭的較淺，二字開頭的較深，前者係屬先修之準備課程，後者則爲正式具有學分之研究課程，例如在統計分析方面，即有統計分析一〇一（Statistical Analysis 101）係屬前述二〇一之先修課程（Prerequisite），此外尚有解析幾何、微積分等數學，亦爲上述二〇一之先修課程。筆者因在臺時，曾於此等課程，溫習一遍，故直接選修正式課程，節省一部份時間。

中心係於一九五三年在聯合國贊助之下設立，目的在提高此一地區統計水準，並代各國政府訓練統計工作人員，爲菲律賓大學研究機構之一，設在馬尼拉市內黎剎大廈二樓，樓下爲菲大另一研究機構—公共行政研究所（Institute of Public Administration）。此外尚有菲大牙醫部份，亦設在該大廈內。

中心分爲兩部份，一爲研究部份，連同預備課程，需兩年卒業，由菲大授予碩士學位，一爲訓練部份，係代政府機關或事業單位訓練在職人員，稱爲在職訓練（In-service Training），時期較短，每期需時數月不等，課程較爲簡單實用。教授除菲籍者外，聯合國派有統計專家四人，亦在中心任教，其中二人美籍、一英籍、一印度。圖書館藏有統計及經濟方面書籍不少（中心及公共行政研究所各有圖書館，各不相涉。）計算機亦有數十具之多，閱覽人士，除看書或筆記外，即低聲接談，亦所不許，偶有犯者，管理小姐必躡足前來，溫語勸止。

與黎刹大廈毗連者，尚有大廈數棟，成品字形，據云戰前菲大全部均在此處，嗣後一部份燬於戰火，戰後毗連之大廈改爲外交部及司法部，菲大本部，則遷往郊區奎松城（Quezon City）。本年三月間東南亞公約國會議，即在菲外交部舉行，並借用黎刹大廈樓下公共行政研究所所址，一時戒備森嚴，甚爲緊張。

菲島爲一新興國家，但教育甚爲普遍，一般大學，均可在夜間上課，以便利日間工作者，統計中心與公共行政研究所亦是在夜間上課，筆者每晚到校或返家時，輒見汽車站前，排列成行的，盡是手挾書包的「大」學生，其擁擠情形，與電影院散場的人群，相差無幾，這不能不說是菲島的一項長處。

菲律賓大學

菲大校本部在奎松城之底里曼（Diliman），距統計中心約有四、五十分鐘汽車路程，校區甚大，公共汽車，可在校內行駛。圖書館及各院建築，均甚宏偉。菲大為菲島惟一國立大學，較一般大學為嚴格。其他大學，中學畢業，即可進入，但欲進菲大，必須畢業成績在八十五分以上，否則須經過入學考試。國人林覺世教授，在該校數學系任教，達二十年。

菲大校址後為一風景區，名Balara，有游泳池及公共舞池，假日來此遊覽者甚多，隨時可以起舞。菲人甚為愛好音樂及舞蹈，此種舞池，公共遊覽處所，隨處皆有。

菲大每年學生畢業時除舉行畢業式外，還有一種儀式，專為女生舉行，稱為The Caena de Amor Festival用一以花紮成之長索，由本屆畢業班女生，全體著白色禮服，列隊攜同此索，步入會場，同時三年級（即下屆畢業班）女同學則全體著淡紅禮服，亦由另一方向，步入會場，雙方交錯繞行，並由畢業班女同學將此索交與三年級女同學，以示惜別，並將此種同學之愛，傳與下屆，以至永遠。本屆舉行此種儀式時，筆者亦得躬逢其盛，儀式在菲大校門內廣場舉行。筆者因林教授之邀約，同往觀禮。畢業班及三年級女同學，各約數百人，列隊自兩側進入廣場，同時臺上另有女同學三人，各著不同服裝，以清晰而流利之英語致詞。全體女同學進入廣場後，畢業班同學即將所持花索，各各交與三年級同學。過程頗饒趣味。

異國友情

筆者留菲共六個月又半，計肄業一學期及一暑期，所習課程，除前述統計分析、統計實務外，尚有經濟及社會統計。時間雖短，所選課程，均爲較重要及實用者。其餘課程，如統計機構、人口統計、衛生統計、農業統計等，多爲專業性之統計，郵政甚少應用，故未選習。抵菲之初，聞人言岷市治安欠佳，盜賊多有，頗具戒心，兼以飲食異味，稍覺不慣。

談到飲食，就筆者所知，實爲在國外旅行的頭痛問題，蓋我國烹飪，最爲精美，異國風光，終覺乏味。有一次，一位英籍教授歐思華氏邀我至他家晚餐，因係數日可一人約定，歐太太特別爲我預備一樣標準英國菜，鄭重介紹，並爲我敘述此菜歷史，說是英王詹姆士甚喜此菜，因而成爲英國名菜。等到坐定下來，端上來的原來是一種烤牛肉，半生半熟，實在不感興趣，無奈主人甚爲慇勤，爲我切了一大塊，祇好勉強下咽。菜雖未見可口，但歐氏夫婦，盛情可感，席間並告我中國歷史悠久，應珍重此固有文化，保持優良傳統，語重心長。筆者離岷時，夫婦二人攜幼子送至機場，直至飛機起飛，猶揮巾不已。此種感情，實已在師友之間，令人思念不已。

原載四十七年八月十五日，今日郵政八期

旅菲瑣記

——記菲律賓郵政

筆者於前年十一月間，奉命赴菲，參加聯合國與菲律賓大學合辦之統計中心，本刊第八期曾有報導，當時曾利用一部份時間，附帶研習菲律賓郵政，惟以留菲時間，雖有半載，但空餘時間不多，僅能觀其大概，今就記憶所及，略述如次。

郵政大廈

筆者因課業關係，在菲半年，除曾利用暑假中的一個週末去碧瑤參觀外，其餘時間，均在馬尼拉，故研習對象，亦以菲郵總局和馬尼拉郵局爲主，好在菲郵原採集中管理制，一切集中總局直接管理，而馬尼拉又是菲島首邑，業務最繁，看了這兩處，其他各地情形，也就可以想見了。

首先映入我眼簾的，是郵局的宏偉壯麗的建築，原來馬尼拉市區，中有一條灣曲的巴士河（Pasig River），將市區分爲兩部份，南區都是新式建築，政府機關：如國會，如市政府，各部會以及中央銀行等，都集中在這兒，道路寬廣，有名的Luneta海濱廣場，即在附近，北區是商業區，華僑商業，多半集中這一區域，迤東是新興住宅區，再過去便是菲大校本部。郵政大廈就在南區的巴士河邊，從飛機場出來，循杜威大道沿海濱北行，轉入修長寬廣的塔虎脫道，一座宏偉的建築，矗立在道的盡頭，後面憑臨巴士河的，就是郵政大廈，也就是馬尼拉郵局。

這座大廈，是扁圓形的建築，門前石級，直達一樓，兩旁斜坡，可供汽車行駛，公衆拾級而上，營業大廳即設在一樓，而郵件分揀部門，則在底層，窗口收寄的郵件，因營業廳內部也很大，有的就在窗口內先行初棟，然後利用滑梯滑至底層分揀部份，再予細分，這種將營業部份和郵件處理部份分設在一樓和底層的設計，它底優點是可以使這兩部門的空間擴大，而且不必倚賴繁複的機械設備，祇要利用極爲簡單的滑梯，即可使這兩部門緊密聯繫，充份利用，中等業務量的郵局，局屋的設計，這種方式，頗値參考。就筆者所知，我國的上海郵局，也是採用這種方式，營業廳設在一樓，而郵件處理部門，則在樓下，業務量較小的郵局，這兩部份可以同設在底層即已敷用，業務量更大的郵局，這兩部門分設兩層，也許還嫌不夠，還須更多層樓，處理郵件，那末必須利用機械設備，如昇降器，傳遞帶等，將郵件送至二樓甚至三樓四樓處理，然後再送至底層運出。

菲郵政總局（Bureau of Posts）設在大廈二樓，有一天，我想拍攝幾張郵件處理的照片，在一樓和底層郵件部門內拍完後回至二樓總局副局長室，因想藉此機會上較高層樓往下拍攝一張郵政大廈的外景，助理局長羅凡若（Belarmino P. Navarro）氏遂引我上樓，記憶中似乎是共有五層，樓上是「公共工程與交通部」（Department of Public Works and Communications）（郵政即隸屬於這一部）和電信管理部門，筆者因笑謂羅氏，我們的臺北交通大廈，亦是交通部和郵、電兩單位同在一處，可謂巧合了。

營業大廳

走進大廈一樓，便是營業大廳，廳內一切陳設，亦多陳舊，菲郵窗口係採分工制，故窗口特多，編號有達一百餘號的，譬如掛號窗口，有收航空掛號的，有收水陸路的，有專收寄美國的，有收寄去其他各地的，初入其中，一時眞摸不清頭腦，而且掛號和包裹等窗口都不賣郵票，因此無論寄平信、寄掛號信或寄包裹，都得先到售票窗口買郵票，故而一般窗口擠，售票窗口更擠，經常是一字長蛇，有一次，統計中心的同學梁君，因即將返臺，臨行恐行李過重，乃將一部份書籍，裝了兩大包，至郵局交寄，筆者一方面因自己係郵政人員，再則也怕梁君對交寄手續不甚熟悉，乃伴其前往，不想因營業廳很大，交寄窗口和售票窗口以及檢驗的窗口，相去甚遠，如非筆者同去，則以廳內公衆擁擠，梁君一人，攜了兩件大包裹，又不便放置一旁，抽身去買郵票或辦檢驗手續，眞將無法交寄了，因此想到我郵所試行的單元制窗口，在某種情形下，確有需要。

馬尼拉郵局有一窗口專供收件人領取存局候領郵件，稱爲General Delivery，筆者曾至此一窗口參觀，見其候領函件甚多，特備一專櫥，分格置放，依收件人姓名字母排列，收件人祇須向窗口說明姓名，一索即得，甚爲簡便，如遇收件人居址有定時，也可函告郵局將其存局郵件，投送該處，出外旅行人士，如預定欲至某處，而不願多帶行李時，甚至可將一部份物件，先期寄至該地郵局存局候領，俟本人到達時前往領取，對觀光遊覽的人，甚爲便利。

另外有一窗口，專收各大公司行號交寄印有郵資機符誌的函件，據告此種函件亦不少，使用郵資機的商行，約有兩百家左右。

菲郵組織

如同前面所說，菲郵原採集中管理制度，各地郵局，都直隸郵政總局，中間並無區管理局之設，這種由總局直接指揮的方法，固然快捷簡便，但如地域較大，或郵局較多，便有管理難週，無法應付之感，因此當筆者在菲時，即已有趨向分區管理之議。菲郵總局，隸屬於「公共工程與交通部」，局長（Director 現改稱 Postmaster General）下有助理局長（Assistant Director 現改稱 Assistant Postmaster General）一人，其下共有十個單位，即是：管理科（Administration Division），檢核科（Inspection and Investigation Division），聯郵及研究科（Internation Postal Service and Research Division），匯兌科（Money Order Division），郵票及集郵科（Stamps and Philatelic Division），郵運科（Mail Transportation Division），供應科（Property Division），出納科（Cash Division），文書科（Records Division），和郵政儲金局（Postal Savings Bank），此外並設有成本研究專員（Cost Researcher），掌理郵政成本和預算等事項，這其中管理科科長是居於各科之首，筆者到菲時，羅凡若氏即任管理科科長，暫代助理局長，因彼時局長葛登諾（F. Cuadermo）氏正出席加拿大渥太華第十二屆萬國郵政會議，會畢就便在美考察，由助理局長巴洛瑪（Enrico Palomer）氏代理局長，故巴之職務，即由羅代理。巴、羅二氏，均極和藹而健談，筆者初次到菲郵總局時，即由二氏接見，巴氏對筆者攜去之我國郵票冊，甚感興趣，對臺灣能自印郵票，尤爲欽佩，曾詢筆者何以過去所見自臺寄菲郵件，所貼郵票無此精美，筆者告以當大陸淪陷，政府遷臺之初，一切諸待布署整理，尚未完全臻於正常，故早期在臺所印郵票，質地較差，旋經不斷改進，近年來進步尤速，印製亦較前佳良。彼閱及郵政六十週年紀念郵票，頗表驚異，謂中國歷史悠久，冠於東亞，何以郵政僅有六十年之歷史，菲島郵政在西班牙佔領時代即已創始，迄今亦有百餘年，筆者告以六十年係自清帝正式批准辦理之日起算，事實上郵政之創立，則早在此日期之前，如以舊式郵政併予計算，則溯源尤遠，西曆紀元以前，即已有郵驛之設，巴氏亦爲頷首。可見郵票對於增進瞭解和國際報導，的確是有助益的，此是題外之話，暫且不提。

菲郵會計及人事，均係獨立，屬於另一系統。會計、審計，係隸屬於總稽核處General Auditing Office及預算委員會Budget Commission，派有人員駐在郵局，而不在郵政組織之內。人事管理則隸屬於文官局Bureau of Civil Service，與一般文官的管理相同。該局對此種辦法，亦覺有待商榷研討，事實上亦確有不便之處。

首都市區郵務，由馬尼拉郵局處理，該局分設四課：國內郵件課（Domestic Mail Division），國際郵件課（Foreign Mail Division），投遞課（City Delivery Division）和總務課（Miscellaneous Service Division）。

馬尼拉市區的劃分，與我們一般市區的劃分，略有不同，在市區之南，另有一市叫巴西市（Pasay City），市區東北，也有一市叫計順市（Quezon City），其實這三市等於一個大市區，相互連接，往往一條馬路的這一段是馬尼拉市，而那一段則是屬於另一市，但三市各有市長，據說法律也不盡相同，當然三市也各有郵局。馬尼拉市區（即這個大市區的中心區域）共分一百四十個投遞段，每天上下午各投遞一次，星期日不投遞，「特別投遞郵件」（Special Delivery Mail）每天也祇投遞六次，星期六三次，星期日兩次，與我們的普通信件或限時信件的投遞班次比較，是少的多了，由此可知就對公衆的服務這一點言，我郵實毫無遜色。

四十八年三月二十日今日郵政十五期

旅菲瑣記——菲律賓郵運及儲匯業務

沿海航行　免費運郵

菲律賓是一狹長形的群島，自馬尼拉到南端的民答那峨島，乘飛機亦要三、四小時，和臺北至馬尼拉差不了多少，地形複雜，島嶼紛陳，大小共有七千餘個，郵件運輸，甚是吃重。

菲島僅北部的呂宋島（Luzon）有一條鐵道，縱貫岷市，中部的班奈島（Panay）有一鐵道，連接怡朗（Iloilo）市和羅薩斯（Roxas）市，都配設有火車行動郵局，運送並分揀郵件。其他各地，島內多賴公路，島際則賴水運和空運，水運的工具種類甚多，從現代的輪船到原始的小木船都有。航線也分海灣內和沿海兩種，沿海航行的船隻，都免費帶運郵件，而且在航行前必須將航線和開行時刻先行通知郵局，到時由郵局簽發交運郵件通知單後，才能開行。航線要按照原通知郵局的航行，不能隨意改變。這些措施，其用意無非是在維護郵件的運輸，原不足怪，但運輸界這種尊重郵件運輸和與郵局充分合作的表現，是值得欽佩和效法的。

菲郵運輸有一最大特點，即各項運輸，無論是汽車運輸或水路運輸，甚至連車站和郵局間郵件的接送，都用公開招標的方式，交商辦理。郵運科所辦的主要工作，便是招商訂約承運。筆者起初對這種方式，頗感驚異，幸得一位經辦人員不殫煩瑣的爲我仔細解釋，說是祇有在公開競爭的方式下，才是最經濟的運輸，每年可替公家節省若干若干，這才逐漸改變我的觀念。但我仍覺得車站與郵局間的郵件接送，如包商承辦？豈不失卻了機動性，萬一車輛或船隻有個早到或誤點，豈不誤事？不過據說各項交通工具的到離時刻都有一定，運送費則係按郵袋數量計算，因此實際也並沒有甚麼困難。

談起菲島的島嶼錯落，水運繁複，憶及在菲時友人曾告以航行南島（即菲島南部）風光甚爲優美，囑往南部一遊，但以船行最少須一星期以上，始終無暇前往，無怪乎菲郵對島嶼的郵件運輸，多半要利用航空了！

窗口匯款　使用機械

菲郵匯兌祇有普通匯票和電報匯票兩種，普通匯票不採用匯兌印紙，而係採撕裁式，即將個位數、十位數、百位數等先行印好，開發時照公衆請購的匯額，用一特製的角形尺，一撕即得，有如我郵的定額存單。

匯兌窗口使用一種叫作收款機（Cash Register Machine）的，收受的匯款，由收款人點計並照額開發匯票後，掀動鍵碼，即在匯票收據聯背面和請購單上加印有開發日期、款額、匯費和當日開發匯票的順序號碼等，同時機內另備有捲筒紙，也在其上作同樣的登記，日終即用該機在捲筒紙上結總，由監理人員持鑰開啓，以與經辦人員所收款項核對。這種機器，對於防止收款人員舞弊，頗具實效。

筆者曾至匯兌窗口實際參觀，開發匯票的手續大致分爲兩部份，一部份專點收匯款匯費，點收無誤後即交與第二部份，此一部份專塡寫並撕下匯票，撕妥後交與第一部份在前述收款機上加印日期、匯費等項後遞交匯款人。

普通匯票分四聯，第一聯爲收據，由匯款人收存，第二聯叫「Coupon」，第三聯爲匯票，第四聯爲存根。二、三聯由寄款人寄交收款人持向郵局兌取，自開發之日起一個月內，全菲各地郵局，都可兌付；超過這個期限，而在一年以內的，僅付款局和開發局可以兌付。兌付後Coupon由郵局保存，匯票則送繳審計（Auditor，屬於General Auditing Office，係政府另一部門）審核。郵政匯票亦可由約定之銀行兌付，與郵局清理。

據羅凡諾氏告筆者，匯票常有遺失補副或塗改等情形，因爲清理費時，如有錯誤，一時難於發覺，爲菲郵感覺頭痛的一件事，因此正在謀求改進，而鑽孔卡制（Punch Card System），也是考慮中的一項改進方案。此項方案係由IBM公司建議，筆者因又至岷市IBM公司，與承辦此案的人研討，發覺此種鑽孔卡，固可使用IBM分揀機和計算機，使清理匯票的工作加快完成，但對遺失及塗改，則並無助益，前者固屬郵遞的範圍，非匯票制度本身的毛病，但塗改則是可以經由匯票的改進，以求防止的。第二天到郵局與羅氏談論時，渠亦有同感，同時因採用鑽孔卡制的設備費太大，故菲郵亦迄尚在考慮中，未遽採用。

郵政儲金　種類繁多

菲郵儲金由郵政儲金局（Postal Savings Bank）辦理，該局設有Superintendent一人，其下分設各組，主要儲金業務，就其形式而言，係採用存簿方式，可以隨時存提。其他尚有郵票儲金和撲滿儲金等。

存簿儲金就存款的來源或性質方面來看，可分作一般儲金（Personal Account），子女儲金（Parental Account），監護儲金（Custodial or Guardianship Account），武器持有儲金（Firearm Account），擔保儲金（Guaranty Deposit Account）等。

一般儲金就是普通的存簿儲金，菲郵因係採行集中管理制，故各存戶的分戶帳（Ledger）

都集中在馬尼拉郵局保管，各地郵局，等於是馬尼拉郵局的窗口。存戶向各地郵局存入款項，須塡報馬尼拉郵局登入分戶帳，初次開戶時，亦由該局塡發存簿，寄由收款局轉發存戶。至於提取款項，全菲各地辦理儲金之郵局都可付款，惟內地各局須先送經馬尼拉郵局與該戶存戶帳核對後開發支票寄交該局兌付，如存戶有急需而提款不逾一百元者，可塡具特別提款單，憑保先行付款，不逾五百元的，可以電報請馬尼拉郵局查對後電復付款，或照通常手續開發支票寄由該局轉交存戶兌款，也可經由通常途徑通知馬尼拉局查對後電知付款，前者謂之Telegraph-mail，後者謂之Mail-telegraph。因全國郵政儲金的存提款，都集中馬尼拉郵局登記，故登帳工作甚爲繁重，係利用登帳機辦理。

郵局收受存款，都是用前述的收款機將存提款額數字印出，日終結總，由監理人員持鑰開機，以與收付結存款項核對。這是郵局內部的一種牽制辦法。

子女儲金爲子女尙未成年由父或母代爲保管之儲金，監護儲金則係由監護人代爲保管的儲金。武器持有儲金爲合法保有武器所需之擔保（菲幣四十元）之儲金。擔保儲金則爲備用作各種保證金的儲金，即如有需用金錢擔保時，可用此種儲金作保，對儲戶言，可不受利息的損失，就需保的方面言，也完成了保證的作用。這幾種儲金，前兩種是利用存簿儲金辦理，後兩種則不給存簿，而給予一種存款證明單（Certificate），以備證明之用，惟武器持有儲金不計利息。

郵票儲金所用的儲金郵票有二角、一角、五分三種，另外備有貼票紙，貼滿一元即交由郵局作爲普通存簿儲金。撲滿儲金則是由郵局出售撲滿以備兒童貯存零星現款，集有成數時再向郵局存儲。這兩種儲金的目的都在養成兒童及少年儲蓄的習慣，菲郵並派有專人與校方取得聯繫，經常赴各校售賣儲金郵票，收取儲金，以便利學生。

菲郵儲金業務甚爲發達，就筆者離菲前所得資料（上年三月份）：全菲約有人口二千三百萬，共有儲戶五十一萬五千餘戶，儲金餘額菲幣四千另八十萬元，存提次數馬尼拉郵局各約七千次，內地各局存二萬七千餘次，提一萬七千餘次。

郵局吸收的存款，係轉存於復興銀行（Rehibililation Finance Corporation），所得利息較郵局付與存戶者高出約一倍。故菲郵儲金業務，獲有盈餘。

附記

筆者留菲半年，每週至少去郵局參觀一次，每次均深得菲郵有關部門同仁的協助與指導，尤其是助理局長羅凡諾氏，不僅在研習方面給予甚多的幫助與便利，即在私交上也建立了誠摯的友誼。本刊第十五期寄到菲郵時，羅氏閱及其中報導菲郵的一篇，還特別來函表示謝意。

猶憶筆者每次到菲郵參觀時，一到十時左右，羅氏輒謂筆者：「現在是咖啡時間」，即邀筆者至局內之餐廳，共進咖啡及西點，談鋒所至，幾忘身在客中，此情此景，恍如昨日。往事縈迴，願藉此機會，敬表筆者的一點眞摯的謝意。

原載四十八年五月十五日今日郵政十七期

旅菲瑣記

—菲郵視察和人事管理

菲郵對於人員的訓練和進修，有一種叫作「在職訓練」（In-service Training）的，是一種短期訓練，可分為：監理人員的訓練，包括各單位正副主管及視察員等、窗口人員的訓練及新進人員的訓練三類。

上面所說是郵局專為郵務人員而設的訓練。其實菲島學校，即以馬尼拉而言，夜校甚為普遍，而且是正式學校，並非補習性質。郵局職員中也有不少公餘在這類學校進修的。

任命局長國會通過

菲國郵務人員，和政府其他公務人員一樣，同受文官局（Bureau of Civil Service）的管理，局長和助理局長的任命，須經國會通過，記得羅凡諾氏升任助理局長的任命案，似乎是在去年新年前後經國會通過的，筆者先在報端得到這項消息，隨後到郵局時，除道賀新年外，並向羅氏致賀。

聖誕佳節，溽暑薰蒸

談到這兒，筆者想順便說說菲島聖誕的盛況，原來筆者是前年十一月間赴菲，正好趕上聖誕，菲島爲一天主教國家，故對此一佳節，特別歡欣。在聖誕將臨前，街頭巷尾，老早即有各種聖誕的裝飾，聖誕音樂，到處可聞，筆者所居附近，有些兒童，且利用空鐵罐和木箱等廢物，作爲樂器，組成「克難樂隊」，在巷子中來回高唱Holy Night; Hark, the Herald Angels Sing等聖誕歌曲，此時筆者方在斗室中，與枯燥而艱澀的統計學相伴，歌聲傳來，不禁悠然回想到童年時代，校中聖誕節的情形和夜行歌詠團的況味。江南一帶，此時正是銀色一片，然而眼前卻是溽暑薰蒸，一派盛夏光景，不免興起許多無端的感觸。

有一天筆者到郵局去，看見辦公室中，也點綴著甚大的聖誕樹，下面並放有一包包的禮品，起初還以爲眞的是誰送的，羅氏笑著說：這些都是假的（Imitation），做著玩兒的，這一年一度的歡忻，帶到辦公室中，不僅可以增進同事間的融洽，也著實可使辦公室的空氣變得活潑。

五十七歲可以退休

菲郵政人員的任職，也與我郵一般，必須經過考試，升職有時舉行升職考試，必須對應考人過去的經驗和工作效率予以適當的考量，人員申請退休，必須有卅年的服務年資或年齡已滿五十七歲，如服務未滿三十年而請求退休時，則年資方面每少一年必須年齡方面多半歲（指與五十七歲最低規定相較），如年齡不及五十七歲時請求退休，則年齡方面每少一歲必須年資方面增加一年（亦指與三十年最低規定相較）。但年齡最低必須滿五十二歲，年資最少必須滿十五年，否則不能享受退休待遇。退休人員可月支退休金最多相當於月薪之三分之二，直至死亡。

一個有趣味的問題是關於Seniority一字的解釋或定義如何，因為一個人的派職和擢升，Seniority是一個基本的必須考慮的因素，所以此字的定義，甚是重要，Seniority一般多譯為資歷或前輩的意思，但分析起來，可以有幾方面的意義：一是指在這一職業的資歷，一是指在這一機關的資歷，一是指服務於政府的資歷（因菲國文官係由文官局統一管理），一是指在薪俸方面的先後，因此無法下一個洽當的精確的定義，祇有依各個實際情形而予以適當的運用。菲郵對此字的涵義，係採用其最普通的定義，即認為資歷是在一機構中因服務年資的長短而獲得的地位，至於服務年資，則並不限於某一特定局，而係併同各局的計算，也與我郵規定，極爲相似。

視察制度甚為重視

菲郵對視察製度，甚爲注意，全菲共五十三省，分爲四十個視察段，每段設視察員一人，全菲共有郵局一千二百七十餘所，平均每段約有郵局卅餘所。馬尼拉段因範圍較大，分爲四個分段，共有視察員十餘人。

和美郵相似，馬尼拉郵局也有一條視察員監察郵務工作人員的夾墻甬道，但以經過大戰的破壞，現已棄置不用。菲郵戰前原有其他機構設備，也都於大戰期間，破壞無遺，直到筆者離菲前不久，菲國會閉會前夕，助理局長羅凡諾氏才欣然告訴筆者，國會已通過郵政每年兩百萬元的建設費用，希望筆者下次再有機會至菲時，能看到他們的嶄新設備。

原載四十八年七月十五日今日郵政十九期

參加東京郵盟研討會後記

郵盟的新作風

萬國郵政聯盟從本年二月一日到十四日，在東京舉辦了一個亞洲地區郵政高級人員研討會（Seminar）；郵政總局會計處副處長汪承運和筆者奉派參加。這是出乎我們意外的，想不到郵盟會舉辦這樣一個研討會。在我的印象中（也許我的印象是錯誤的），或者是由於歷史悠久的緣故，郵盟一向的作風，似乎是比較偏向保守，因此不容易想到它會有這樣一個帶有進取性的新的嘗試。事實上郵盟在去年下半年，已經在秘魯利馬舉辦了一個美洲地區同樣性質的研討會，這兩個研討會，都是在郵盟自己的特別基金（Special Funds）項下辦理的。因此我們可以說，郵盟特別基金的設立，是郵盟新作風的一項顯明的象徵，也可以說是郵盟從保守轉向進取的起步，而這兩個研討會的成功與否，無形中自將會對郵盟未來的動向，發生影響，尤其是在郵盟的教育工作方面。從這一個角度來看，這次研討會的性質是相當重要的。

討論專題

郵盟對於這次研討會籌備得非常週到，事先擬了二十項討論的專題，函送有關各郵政徵詢竟見，最後選定了十二題，要在研討會中討論，這些專題，內容都非常之廣泛，例如：「一般的發展問題」、「發展中國家郵政方面的問題，特別是郵件運遞、鄉村郵務的發展以及城市郵件的投遞問題」、「怎樣提高郵政工作的效率？機械化，它的適用和範圍」、「郵政財務管理」、「郵政人性關係」等等，爲了充分準備，臨行前我們還趕著蒐集資料，就每一專題提出了一些具體意見和說明，呈報核閱，作爲將來會中討論時發言的依據。譬如在「一般發展問題」項下，就曾擬具一項建議：「……在郵盟國際聯郵公署之下，成立一世界性的郵政銀行，來協助發展各郵政的儲匯業務，並可居間清理各郵政彼此間的帳務」。這個意見，在開會的第一天討論上述專題時，筆者即予提出，經列入記錄，以備參考。

飛機場的機械設備

一月三十日，正好是農曆元旦，我們搭下午一點多鐘的西北公司班機飛往東京，由於新年的關係，機上乘客寥寥。經過大阪時，曾停留數十分鐘。大阪航空站看來並不怎麼大，沒有甚麼特殊之處。下機休息片刻後，繼續起飛，天色漸漸昏暗，一會兒，祇見下面萬家燈火，亮閃閃地一大片，遠處海上漁火閃爍，有如點點疏星。東京，這個目下號稱世界第一的大都市，已經在我們的眼前了。

飛機降落在「羽田國際空港」，一進航空站內，我首先注意到的，就是我們的行李並非由工人用手推車推送，而是由地下傳遞帶傳送到檢查行李的大廳內，卸落在一個很大的傘蓋形的轉動器上，慢慢地轉動。當自己的行李轉到自己面前時，就可隨手取下，非常方便。後來離開東京時，我也曾注意到在機場大廳內窗口行李過磅處的後面，就有地下傳遞帶的設備。行李過磅後，窗口工作人員隨手就放置在傳遞帶上，大概是一直送到停機坪的附近。這項裝置，頗切實用。

出站後，日郵派人來接，一位是日高英實先生，一位是福田滋先生。相見之下，不僅是十分愉快，而且也十分親切，一種郵政一家的感覺油然而生。他們告訴我還有十多位參加人員，也將在那晚稍後到達，包括菲律賓的那伐洛（B.F. Navarro）在內，那氏和我已有十年沒有見面，這次能在東京聚首，心中有無限的喜悅。因爲晚間還有人要到，日高便留在飛機場照料，而由福田伴同我們乘東去東京國際研修中心——預定的住宿和開會處。

幾乎沒法找

這次我們來日，除了參加研討會外，還負有兩項任務：其一是考察日郵的統計和工作衡量的方法；其二是考察日郵機械設備並和大江公司接洽購買郵票售票機。由於研討會要到二月一日開始，回到研修中心後，我心裏便盤算著如何利用第二天——一月三十一日——的時間來接洽購買售票機的事，因此便將局方給我的致大江公司函副本取出，不想上面的收件人祇有「大江股份有限公司」幾個字，並無地址。天啦！偌大的東京市，教我何處去找呢？沒奈何，祇好到樓下櫃臺去翻電話簿，可是翻出來的「大江公司」滿滿的有一面，足足有幾十個，究竟那一個是我所要找的「大江」呢？想了半響，想起大江是大藏省印刷局的代理商，祇有等翌晨打電話給印刷局去問的辦法了！

第二天，果然從印刷局打聽到大江的地址和電話號碼，非常高興。我就立即以電話和大江公司聯絡，由金紹璋先生接電話，金先生非常熱忱，知道我來自臺北，便告知我不必去公司，而由他到研修中心來看我們。因爲東京的地址不像臺北是某街某巷某號，依線而點編排，很容易找。他們的什麼「町」、什麼「丁目」，指的是「面」而不是「線」，外來的人簡直要攪昏頭。

不一會，金先生來到研修中心，商談之後，便領我們先到東京中央郵便局實地去看一看日郵所用的售票機。原來他們所用的售票機有兩種：一種是售買郵票冊，一小冊中有好幾枚郵票；一種是售買成束的明信片，每束有好幾張。但我們所需要的不是這些，而是一種出售單張郵票的售票機，這種售票機，日郵也正在向廠家訂製中，尚未普遍使用。

離開中央郵便局，我們就去大江公司繼續商談。大江在銀座大街的後面，是東京最熱鬧的地區，但因在後街，卻有鬧中取靜的優點。售票機的製造廠遠在橫濱，因此當天無法作進一步的接洽，金先生答應儘速和廠商聯繫，儘快替我們做一架，並將結果通知我們。

事情並不簡單

談到買售票機，起初我以爲很簡單，以爲花錢買東西，還會有什麼困難，祇要大江公司和廠商接洽好，談好了價錢，就行了。因此我還抱了很大的希望，希望能在二十天會畢返臺時，帶一架回去。果然，過了數天，金先生電話告知已和廠商接恰好，定製一架，其價爲日幣二十萬元（這個價格和周史芳君上次來日考察時所詢得之價格相符），大約三月底交貨。因爲日本硬幣和本省硬幣大小不同，還可以將投錢口照臺幣修改。這一切都很順利，我便表示同意。數天後金先生又電話告知，因日本郵票與我國郵票尺寸不同，如照我國郵票尺寸修改，變動太大，整個機器都受影響。究竟是改還是不改呢？這可把我難住了。我才覺察到買東西可也並不是件容易的事。尤其是採購機械，更不簡單。最低限度，必得先要把機器的性能和規格澈底了解。可是了解機器的性能，並非易事。即使是在東京很合用的機器，到臺灣也不見得就完全合用。爲什麼呢？因爲天氣不同，空氣中的濕度不同，會影響到捲筒郵票紙的長度，因之可能發生切不準的現象。想到這種種的問題，我想祇有等會後到日本郵政省實地考察了這種售票機，並和日郵機械部門研究過它的性能之後再說。

十五日到郵政省，我們除了看日郵的統計制度之外，第一件事就是看售票機，承郵便機械化企畫室室長吉川圭二先生和室長補佐森本哲夫先生的詳盡解釋，使我們獲得這方面的知識不少。爲了急於要在返臺前這短短的幾天內把購買售票機的問題解決，因此我要求他兩位約請製造廠商來東京面談。第二天，廠家代表果然來了，和他商洽了半天，並承大江公司金先生的全力協助，這才商定完全照日郵的式樣並以美金三百零六元——合日幣約十一萬元，較原價約減少一半的價格定製一架。至此，任務始告一段落，才算了卻一樁心事。廠商的慨允減讓，日郵企畫室和大江金先生的熱忱協助，使我內心充滿謝意。

隔了兩天，金先生和大江的木村信雄先生又陪我們至大藏省印刷局詢問關於捲筒郵票的印製技術問題，獲得資料不少。首先是捲筒紙的刷膠問題，他們表示沒有困難，因爲他們所印捲筒票的背膠，在東南亞各熱帶國家都很合用，不用襯紙，也無粘連的情形。在郵票的大小方面，寬度並無限制，但長度則祇能印三種尺寸。這一點，對將來我們訂定售票機的規格時，是非常重要的。

陽光燦爛

二月一日上午九時，研討會正式開始，先在研修中心四樓禮堂舉行開幕儀式，首由日本郵務局局長曾山克己氏致歡迎詞，繼由郵盟派來的專家原在英國郵政服務的紐康（Newcomb）氏致詞，禮堂布置簡單隆重，講壇左右側斜行豎立出席各郵政國旗，我國國旗亦在其內，彩色鮮明。窗外晴空萬里，陽光燦爛，象徵研討會的成功，也象徵郵政的普利人群，天下一家。想到此處，不覺精神抖擻，胸襟為之一暢。

各郵政出席研討會的人員共二十人，另上面所說的郵盟派來的專家兼主講（Lecturer）一人，郵盟向英國郵政和澳大利亞郵政請來的主講二人，合共二十三人，代表的國家計有：伊朗、日本、韓國、馬來西亞、尼泊爾、巴基斯坦、菲律賓、新加坡、泰國、印尼和中華民國等十一個國家。主講除了上面的三人外，還有日本郵務局局長曾山克己氏和慶應義塾大學教授山本登氏，菲律賓出席研討會的菲郵副總局長那伐洛氏以及巴基斯坦出席研討會的北那哈爾區郵政總局長馬姆（Mrs. S.A. Mahmud）氏，其中除了曾山因公務繁忙，山本因非郵政人員，祇在主講之日到會外，其餘各主講都每日到會，和其他出席人員一同聽講，參加討論。

研討會是每天上午九時開始，一天討論一個專題。首先由主講就該一專題報告約一小時許，而後休息半小時，接著開始討論，由出席各人員發言，時間約二小時許。午餐後繼續下午各項活動，並無休息。下午活動多爲參觀各大企業及製造郵用機械之工廠以及日郵各項新式設備。晚間則須準備翌日之討論，有時須參加各項宴會，整個日程甚爲緊湊。

出席研討會人員，都在各郵政服務多年，對郵政認識甚深，因此所言都能切中肯綮。尤其是研討會的性質比較輕鬆，不像開正式會議那般嚴肅，各人都能盡所欲言，娓娓而談，一無拘束。有時對某一問題觀點未盡一致，討論得更是熱烈。對於交換意見，增進認識，可說是發揮了最大的效用。

兄弟之邦

日本郵政對於這次研討會，可說是配合得十分週到，爲研討會而設的秘書處，共有人員十五人，可見他們的重視。

研討會日郵是由國際業務課長影浦藜三、副課長橋本雅生，人事課副課長陣野龍志參加，每次開會，由橋本雅生擔任主持（Animator），秘書處則由國際業務課副課長日高英實任主任，國際合作科科長設樂吉文任副主任。秘書處設有信格，每一出席人員一格，以便收發信件，甚是方便。會場內共有紀錄四人，二人一班，輪流紀錄，另外尚有錄音設備，各人發言，均經錄入，配置得十分完善。

上午休息時間，我們便在秘書處的休息室內，喝杯熱茶，聊聊天。這個時間和每天在餐廳內早餐和午餐的時間，可說是一天最輕鬆的時間，也是參加的人員彼此交際的時間，可以找機會多聊聊，連絡感情，建立友誼。

秘書處主任日高先生喜愛文學，知道我國的古代作家和現代作家不少，還讀過我國一些現代小說的譯本，和我談得十分投機。有一次我們有機會拜訪他的家庭，他拿出幾厚本精裝書給我們看，原來是中國的古詩集。中日文化同源，兩個民族的民情風俗，似乎也有許多相似之處，例如日人的多禮好客，竭誠招待，不也正和我們一樣，眞是兄弟之邦，應該和睦共處才是。

預為準備

研討會結束後我們還延長五天，考察日本郵政，考察項目，已見前述，因爲時間不多，必須好好安排，才能充分利用，達成任務，因此在研討會結束的前幾天，就先將考察的項目和內容以及我們所要提出的問題作成綱要，請秘書處繕打油印，並經譯附日文，分送郵政省所要考察的各單位，預爲準備，並請其將我們所要的資料，先行蒐集齊全，以免臨時周折費事，耽擱時間。這個辦法，甚是有效，我們所要考察的項目及要買的售票機，都能如期辦妥。承運兄還不忘本行，臨時加看了他們的成本計算，可算是額外的收穫。

友情稠疊

在開會期間，我們曾參觀日郵晴海函件分揀局和日本北部包裹分揀局，這兩個分揀局是日郵去年十月才完成的最新機械化郵局，前者的建設費達十億餘日元，後者更高達二十餘億，明年萬國郵政大會又將在日本召開，這是大會在亞洲的首次舉行，日郵對於郵政建設和國際事務所表現的精神和毅力，不能不令我們欽佩。按戰後日本經濟復興極速，不僅各項建設，積極進行，並且舉辦各項大規模的活動，如數年前世運會即在東京舉行，一九七〇年又將舉辦博覽會。這一切都顯示日本的經濟政策，似乎是遵循凱因斯（J.M. Keynes）氏促進消費的路線。郵政方面的措施，也許就是這個經濟政策表現的一面。

這次在東京的時間雖短，所接觸到的郵政以及和郵政有關的人士則很多，得到他們的協

助和盛情款待更是不少，眞是友情稠疊。還有許多本文不及敘述，祇有留待以後再行報導。

法語有句話：Il n'y a que les montagnes qui ne rencontrent pas.（祇有山不會彼此遇見—意指世界雖大，人們總會再在一起的）。僅以一顆懷念的心情，在此祝福各位友人並道聲：「再見！」

五十七年四月十六日今日郵政一二四期

追憶何季笠先生

十月十九日，星期五，適故宮爲紀念顏眞卿逝世一千二百年，舉辦歷代法書展覽，因約了何（建祥，字季笠）、焦（席䄄，字承允）二公，一同前往，我們於上午九時在焦公家會合，然後乘計程車至愛國西路警總附近之公車站，搭乘公車直抵故宮，何、焦二公，雖都已年逾八旬，尤以何公已屬日人所稱米壽（八十八歲）之年，但都精神甚好，遊興亦濃，步上長長的石級，一如常人。我們先到各室瀏覽，並特別欣賞了書法展，而後到四樓三希堂，這裏布置得古雅潔淨，可以飲茶，我們坐了很久，才下樓到餐廳午餐。焦公已打聽到何公是十月二十五日誕辰，我們因約他是日要爲他小酌祝他米壽，他則一慣地多方推辭，最後爲我們逼得無處躲閃，才使出拖刀計，說那應是陰曆而非陽曆，焦公與我遂約好屆時再邀請友好數人，共慶他米壽。

二十八日晚間忽得定魁兄電話，告知何公已於是日傍晚逝世，這突如其來的訊息，使我驚愕莫名，祝壽之舉，眞的中了他拖刀之計，而永遠無法實現了！

何公浙江杭縣人，但卻在江西九江的同文中學唸書，是我的老學長。同文中學是一所教會（美以美會）學校，英文原名爲William Nast Academy，中譯爲南偉烈書院，何公在校時可能還是書院時代，故他的紀錄卡中學歷欄尚有「九江同文書院」的記載。這所學校校園甚大，足球場綠茵一片，四週古木參天，而對秀麗的甘棠湖，匡廬也遙遙在望，學生人數並不太多，是個讀書的好所在。

何公於民國四年四月十五日入局，爲試用二級郵務生，月薪爲十五，但不知單位是「圓」還是「兩」？我之所以引述此一紀錄，目的在說明何公在郵政發展史上，可說是一身跨兩代的人物，斯人已逝，可說正表示一個時代的過去，眞令人發思古之幽情，更不勝其悵惘與懷念。在積極的一面，也可見我郵政事業的源遠流長，歷史悠久，國營事業中，恐尙少出其右者。

何公於二十年六月一日調西川，並改班爲郵務員，月薪二百一十元，這才是與現行制度相近的班次，從此以後，何公再未回到過江西了。

筆者於民國二十八年自九江一等郵局奉調浙江郵區麗水辦事處，那時何公正在浙區辦理軍郵，由於人地生疏，九江郵局同事特爲函何公介紹，並由何公轉介麗水辦事處的同事。迨三十一年，何公奉調廣西，道出麗水，才得以晤面，迄今已是四十二年了。

抗戰期間，何公在貴陽任貴州郵政管理局汽車管理股股長，貴陽是那時東南半壁江山與大後方往來必經要地，而這條東起浙江，經福建、江西、廣東、湖南、廣西以迄貴陽而達重慶的交通路線，正是東南與大後方往來的要道，更由重慶延伸至西北，郵政汽車，不斷的在這條道路上奔馳，運送郵件，也附帶運送旅客。由於安全、迅速、準確，郵政汽車成了旅客爭相搭乘的對象，這段期間，何公對郵政運輸，有其實際上的貢獻！

何公於民國五十三年三月在郵政總局檢核室主任任內退休。民國五十五年，適逢郵政七十周年，是時何公已退休三年了，但仍盡其全力，編了一部前所未有的郵政大事記。記得何公的辦公室，就是借用信義路郵政總局一樓醫務室的一角之地，醫務室門診每週祇有三個上午，何公則利用其餘的時間來局編寫，先記於卡片上，而後再予整理謄錄。獨坐一室，孜孜不倦，其一貫之精神，專勤之毅力，至足欽敬。由於他那時已退休，常囑筆者代其調閱檔卷，查詢資料，這段快樂時光，已成追憶了！

郵政總局前副局長劉澄瀚先生對何公編寫郵政大事記曾有一段記述如下：

「編者何季笠兄，服務郵政達四十八年之久，郵政全部歷史，身歷踰半，經十年努力，鍥焉不捨，退休以後，致力愈勤，每記一事，追始窮源，郵政總局檔卷中所未備者，則稽諸交通部之檔卷，部卷所未備者，更參之以公報書刊，旁徵博引，務求眞實而後定稿，其態度之謹嚴，良足多矣。」

這部郵政大事記，除了第一集上下兩冊外，其後又續編二、三兩集，合共四冊，自郵政創議開辦始，以迄民國六十年止，是一部最完整的郵政編年史，將是何公在郵政的最佳紀念！「謹嚴」二字，不僅是何公編郵政大事記的態度，也是他平常奉公治事的態度，加上他比較執著的脾氣，也許會使人望之也嚴，但他心地正直誠摯，卻使人即之也溫。

何公喜愛旅遊，早在來臺之初，我們即經常邀約出遊，去過的地方，的確不少，特別是一些鮮爲人知的地方，我們衹要打聽到了，一定前往。比較固定的遊伴，除何公外，有焦（承允）公、雷（平軒）公、伍（稼青）公、吳（一峰）公及筆者共六人，偶爾臨時參加的則更多，其後吳、雷二公先後謝世，伍公又遠去美國，而今何公去後，留在臺北的，祇有焦公與筆者二人。伍公爲遊記名作家，每次出遊，歸必有記，如今都成陳跡了！

十一月八日上午在臺北市第二殯儀館舉行家祭及公祭，靈堂簡單穆靜，在各公祭儀式中，筆者覺得最具意義的是西南郵務視導團的公祭。西南郵務視導團，即今日郵政同仁中，恐知者亦不多。簡言之：它即是自由中國郵政總局的前身。光復之初，本省郵政，原與電信合辦，爲一地方機關，迨三十八年初視導團輾轉來臺，負起郵政總局的職責，不久，郵電分立，才回歸中央政府的固有體制，郵政也渡過了艱辛的時期，而逐漸獲致今日的發展。

當時來臺視導團成員並不多，不過十餘人，何公亦其一，數十年來，有的物故，有的旅居國外，是日參加祭悼者不過六、七人，但卻代表著早年的一段艱苦的安排與支撐。

筆者未退休前，何公常來辦公室，探詢局中的情形，每遇定期人事調動，亦必詳細詢問，可見他關懷郵政，無時或已。他雖年事已高，但每出必步行或搭公車，從不輕易坐計程車，亦不要兒媳駕車相送，據其哲嗣告知，他自己說是要「鍛鍊」身體，以備回返家園。

何公的喪儀也正如他的爲人一般，十分簡單實在，懇謝輓幛花籃，賻儀則移作獎學金。

筆者未能自己，曾輓一聯，特錄於下，以誌追思：

「括蒼山前，初識荊州，多年往事都成憶；西子湖畔，魂縈故國，六人何日再同遊。」

七十三年十二月三十一日郵人天地一七八期

澄老二三事

四十多年前，大約在民國三十年前後，筆者在麗水浙江郵政管理局辦事處服務，有一天，看到一張郵政總局的通令，大意是說：本局法律秘書劉承漢著有「郵政法總論」一書，由商務印書館出版，係屬專門著作，希各局轉知各同仁參閱。這是我得知澄老的開始。

那時我正準備考甲等郵務員（即今日之高級郵務員），郵政法規是必考的科目之一，因找到一本該書（戰時麗水一帶，似尚無商務分館之設，忘了是從何處買來或借來），從頭至尾，一字不漏，仔細地讀了一遍。此書雖是討論法律的書籍，但行文流暢，並無一般枯燥乏味的感覺。尤其是在重要處，常舉例說明，而這些例證，可以看出都是作者從日常所辦案件中，挑選出來的實例，不僅貼切，而且生動，使讀者不僅易於了解，且發生興趣。因此可讀性甚高，不幾天便將全書看完了。

那時甲等郵務員考試的科目很多，除郵政法規外，尚有經濟學、運輸學、民法……等等，我所準備的其他各科書籍，其作者類多大學教授，但比較起來，我覺得還是以郵政法總論寫得較好，其他具有水準的，則祇有一本經濟學，是趙蘭坪所寫，因此這兩本書給我的印象也最深，這也可說是我認識澄老學識的開始。

民國三十二年秋，我奉調重慶黃桷埡郵政總局，與同事們閒談，他們說郵政有一個文治派，有意無意間正好與當時副局長余翔麟氏所領導的軍郵派相對。文治派的健將有三人，即：以經濟聞名的谷春藩，以法學專長的劉承漢，和鑽研史學的樓祖詒。當時郵政是否眞有如此的派系，我無法證實，也許祇是一些志趣相近的人，被外人目爲派系而已。但他們三人在學識方面的造詣，確實令人佩服，不僅前無古人，可能也後無來者，將永成爲郵政史上的空谷足音了。退休後曾以此事於閒談間面詢澄老，他笑而未置可否，且讓它成爲一段郵政佳話吧！

勝利後遷返南京，澄老由聯郵處調長人事室，那時我雖在人事室第四課工作，但與主任隔了數層，甚少晉見的機會。我那時在四課管理人事紀錄，對此一工作，略有心得與意見，因草一文，登載於當時局方刊物「現代郵政」上，不想卻引起了澄老的注意，因此而蒙垂詢。有一些補助的紀錄，如人員履歷表、個性調查表、考評紀錄等等（名字都已記不清了），都是那時的產物。當時李大風似亦曾參與此事。

那年，民國三十六年，我與內子結婚，澄老是證婚人，我們的結婚禮堂，設在南京勵志社，而我們居住的地方，是三牌樓建業邨。澄老在致詞中，即以「勵志」與「建業」二語期勉。這些往事，匆匆已四十多年。去年，在一次電話中，澄老還提醒我結婚四十週年的事，他對我的關注，使我十分感激，而他的記憶力，也眞是驚人。

當時人事室同事而今日尙在臺灣的有王述調兄，述調兄那時在第二課，掌管各地的物價指數。當時通貨貶値，物價指數，一日數變，而待遇又隨著指數而調整，因此這項工作，十分重要。述調兄也被選參加西南視導團，在當時局勢紛亂的情形下，他的際遇，使我十分羨慕。

在南京的時間雖短，澄老對郵政的人事和制度，仍有不少興革，除署副郵務長以上人員的派任，設立了一個甄審會，必須經該會無記名投票通過外，還參照英國惠特利會議的精神，建議局方設立了一個局、會雙方共同參加的會議，這與今日的勞資會議，正復相似。

澄老對郵政最大的貢獻，在於使中華郵政在臺灣得以順利地一脈傳承。這一點可分作三個階段來說明：

第一階段是從南京到廣州。當時政府已有明令各機關不得有撤遷的行動，爲了避免這一禁令，於是乃有西南視導團之成立，爲日後的演變，作了事先的週詳準備。

第二階段是從廣州到臺灣。當南京、上海相繼失守，東南與華中一帶亦不保時，政府各機關，多有遷往川康或西南大後方的，視導團則決定來臺，當時局長霍錫祥滯留香港，儲匯局且在港資遣大批人員，在此情形下，視導團如何作成此一決定並能順利來臺，想來這其間當有一些折衝與主導，澄老當時似還兼任交通部主任秘書，自是其間要角。

第三階段是總局在臺恢復辦公後，即由澄老主持，隨即進行郵電分設，使臺灣郵政，回歸中華郵政原建制。當時郵政入不敷出，乃一面精簡人手，一面調整資費，局勢始得以扭轉，為今日郵政事業之發展奠下基礎。

來臺後，澄老仍著作不輟，除由郵政法總論導引之續作郵政法釋義、郵政法原理外，並及於交通各法，如交通行政法原理、民用航空法論……等等，著作等身，允為交通各法之專家，其淵博精深，實鮮有出其右者。

澄老對於維護郵政優良制度之執著，給我印象至深，記得大約在民國四十年左右似是「交通建設」月刊第一次郵政節專號中，他有一篇文章，談到郵政制度之維護，不是靠法規之文字規定，而是靠全體員工的共守，而共守必先有共信，共信又基於共識。故對某一制度或某一規定，必先有共識，有了共識，才能產生共信，而後自然由衷的共守了。惟有這樣的共守，才是澈底，才能持久。而其前提，又必須去偽、去私。他的這一看法，我想不僅適用於郵政，也可適用於其他方面，乃至國家大政。

對於郵政的一些細節，澄老亦甚注意，有一次在談話中，我得知他在出長甘寧青郵政管理局時，即曾在蘭州的車站前設立趕班信筒，以便公衆交寄趕班信件。可見他對信件的快速，是十分注意的。

遷臺早期，總局僅十餘人，僅用大辦公室一間，在今交通部三樓東北角，其旁相連之辦公室一間，爲局長室，局長室右側，則爲澄老辦公室，室甚小，但終日座上客常滿，有如一個小茶館，在嚴肅的辦公室群中，卻令人另有一種感受。記得在南京人事室時，一天有人送他一些哈蜜瓜，在當時南京，係屬稀有，澄老即邀請全室同仁共享，一時辦公室中，充滿了輕鬆。澄老不是法家，其待人接物，乃是一位溫和長者。

在郵政的漫長過程中，他也並非一直一帆風順，毋寧說是頗有坎坷。即以來臺後而言，雖位列副局長，仍有一段時期，雖不能不上班，但卻不看公事，這個期間，似還不算短。

澄老雖原是商科出身，對於理財，似乎並不在行，也似不那末在意。日常生活，可說是相當簡樸。他的居室陳設，不僅談不上寬大華麗，甚至連六十分及格尚有問題。夏日炎炎，他家似尚無冷氣，在今日臺北市一般家庭中，恐尚不多見。然而他都處之泰然，樂天知命，此種情操，在今日的社會中，誠不多見。他的思想，一方面繼承了中國的傳統，一方面又摻入了西方的新知；他是一位典型的中國讀書人，而又接受了新式教育的混合體。

郵政同仁對他的尊敬和親近，我想也許可說是對他這方面的一些回報吧！

「澹泊明志，寧靜致遠。」他的生活，可以當之無愧。

七月三十日，郵政博物館他的銅像揭幕，謹以此短文以誌紀念，並祝他健康長壽。

七十八年八月三十一日郵人天地二三二期

鑑衡先生二三事

郵政總局薛副局長聘文先生，字鑑衡，在服務郵政四十四年之後，已經於三月一日離開他的工作崗位，開始他的退休生活了。

來到臺灣以後，我和鑑衡先生的接觸才比較多，尤其是最近七八年來，因爲我一直在秘書室工作，在鑑衡先生擔任主任秘書職務的一段時期中，可以說是朝夕與共，在他升任副局長後，承蒙不棄，仍然隨時有事體交辦，因此接觸的機會還是不少，但是我之聞悉他的大名，卻要遠溯到黃桷埡時期，那時我從遙遠的浙江郵區，奉調到位於重慶南岸黃桷埡的郵政總局，從東南到西南，一路之上，搭的都是郵政自己辦的運送郵件的郵車，那時的郵政汽車，辦理得有聲有色，和當時的軍郵業務，郵政儲金業務，可說是抗戰期間郵政對國家的三大貢獻。郵車因爲班期準，行車快，車輛又保養得好，很少有拋錨的情形，而且各主要幹線都有郵車行駛，因此，不僅是郵政自己的奉調人員搭乘郵車，外界的旅客，也都搭乘，郵車的聲譽似乎反凌駕正式公路汽車之上，而鑑衡先生，便是當時辦理郵政汽車業務的健將之一。記得那時我從浙江龍泉的一個鄉村——八都的蓋竹——動身，經過福建的浦城、建陽、建甌、南平、沙縣、永安、長汀、斜過贛南而達曲江，再穿過粵北到衡陽，入桂到金城江，再經獨山、貴陽而抵重慶，這一條漫長的道路，其中除了衡陽到金城江一段是坐火車外，其餘都是坐的郵政汽車，一路曉行夜宿，從無誤班拋錨的事，到了貴陽，正好遇到現在也已退休的何季笠先生，那時他是貴州郵政管理局汽車股股長，是負責實際管理這一地區郵政汽車事務的人，一見面便問我搭乘的郵車的情形，司機有沒有不合規定的行爲等等，可見他的細心和負責。那時郵政總局業務處的汽車和機務兩課，似乎都在貴陽，再加上一個汽車修理廠，貴陽實際上成了大後方郵政汽車的中心地，鑑衡先生那時想必也在貴陽，辦理車務。

到了重慶，我被派在考績處（現改人事室）工作，而鑑衡先生則是老業務，當時郵政總局的各處室，似乎是業務處和視察室（兼辦軍郵事務）兩個單位最爲人才濟濟，也富有朝氣。考績處好像規矩很大，十分嚴肅，據說當時考績處的治事格言是：「按章辦理和奉命辦理」，其他概不考慮，也許是由於人事工作的本質，不得不如此。但辦理郵政業務的業務處，自然不能這樣板板六十四，而必須推陳出新，才能使業務不斷發展，鑑衡先生富於研究和企劃精神，正可以說是業務處的典型代表。

勝利後回到南京，郵政步入了一個新的時期，革新的工作層出不窮，我們如果喻之爲郵政的新政時期，似乎也不爲過，當時郵政總局還特設了一個設計考核委員會，來推動設計和研究的工作，鑑衡先生受命出任這一委員會的秘書室主任，負處理實際會務之責，當時的設計考核委員會，似乎成了郵政總局的新政中心，郵政的統計圖表，也十分出色，在薩家灣交通大廈南端郵政總局的辦公室內，我們可以時常看到他一會兒東，一會兒西的忙個不停，他的治事的精神，實在令人佩服。

一般從業人員對於本身工作的態度大抵可以分做三類：一類是俗語所謂：「吃一行，怨一行。」這一類對本身工作，不僅沒有興趣，而且覺得厭煩。一類是所謂：「做一日和尚撞一日鐘。」這一類對本身工作抱著不少做也不多做的態度，反正爲衣食而工作，盡了職責就是了。一類是對工作有特別興趣，不僅每日應辦的事要做好，而且孜孜不輟的去發掘問題，研究問題。因此，總是忙碌不已，對於他們，忙碌似乎已成習慣，工作本身即是興趣的所在，鑑衡先生無疑地是屬於最後一類。這種工作興趣的培養，不是一件簡單的事，一方面當然要靠主觀的努力和對工作的澈底了解，一方面也需要客觀環境的配合，而後才能發榮滋長，相得益彰。

由於喜歡研究，而研究一個問題必須先有足夠的資料，因此鑑衡先生對於資料的蒐集和整理，似乎特別有興趣，也確實有他的特長。一方面就現有的加以整理，一方面又到各處去蒐集。總局遷來臺灣，大部份檔案未及攜出，帶來的自然是不完整，但經過幾年來他的整理和蒐集，有的居然也補全了，譬如郵政事務年報，就是一例。而且，單是有了資料，還是不夠，還得加以爬疏，編具索引，找起來才方便，才能充分加以利用，鑑衡先生在這方面也很注意，也花費了不少功夫。

統計數字，是最枯燥乏味的，一般人多半不感興趣，但鑑衡先生對於這些數字，卻特別注意，也最有心得，各項文稿中，如果所引業務數字有錯誤的話，是很難通過他這一關的。而且由於引用和分析的方法不同，足以導致不同的結論。在這一方面，他似乎是十分擅長以數字來表現事實的，記得有一次，在一項業務統計中，為了表現長期的發展趨勢，我的原稿是以民國三十八年做基期，經他改為以四十八年做基期，經此一改，的確是充分表示了四十九年郵資調整以來的業務發展趨勢，也充分顯示出他對郵資調整，所給予業務影響的注意。

除了埋首公務以外，在私生活方面，他對於娛樂，似乎沒有甚麼愛好，偶爾也玩玩橋牌，但很少聽說他看電影，聽京戲，或者聽聽音樂，在個人的生活中，似乎在輕鬆的這一方面，缺少一些。這也許是由於他的興趣，整個寄託在工作上，工作的本身，即是他的興趣之所在的緣故。因此，在辦公時間內，在局中，固然是工作；在辦公時間外，在家裏，也照樣工作，眞是到了「公而忘私」，以全部精力貢獻郵政的境界。他惟一的愛好，便是打網球，此外恐怕就是工作了。

我們每天上午的早操，四十五歲以上的本可自由參加，但事實上四十五歲以上的同仁，有好幾位是經常參加，除了有事，從不缺席的，鑑衡先生便是其中之一。在新店時，早操的場地四圍有樹，我站的地方恰巧在角上，夏天日影移動，我的身體正好在樹蔭的掩遮之下，但幾位年長的同仁，卻都站在第一排正好在烈日照射之下，其中最年長的自然是鑑衡先生了，每當我看到曬得皮膚發痛的陽光直接照射在他半禿的後腦上，而他仍在依著節拍跳動毫不在意時，便不由自主地移出樹蔭之外，這雖然是一件極小的事，而且我也不是故意的找樹蔭，但總覺得這樣才心安些。

一個人受到啓示或者是鼓勵，往往是在無意中發生，而不是在說教的情形下產生的。早在民國四十年左右，不知是否由於鑑衡先生的推動，局方開了一個法文班，當時參加的很多，我也加入了，不過當時我的參加，祇是由於順便的成分多，並沒有眞正想學法文，因爲知道學習一種語文並非易事，短期間是絕不會學成的，因此學學停停，也不以爲意。有一次，鑑衡先生和我們談起以前郵務長巴立地先生的軼事，以一個西方人而擅長中國語文，在被日人拘禁於集中營期間，爲了要和日人說理，還努力學日文，居然後來竟能朗朗上口，這段事無意中鼓勵了我學法文的意念，雖然我的法文仍然未學好，但總算是一直繼續下來了，沒有中轂。

公務人員及齡退休，本是一件極自然的事，從某一個角度來看，毋寧是一件值得慶幸的事，因爲正如學生之完成學業，表示他對政府的服務，業已完成，有始有終。然而伴退休以俱來的，總有一些難以捉摸的感覺，是去思、是戀舊還是懷念？也無法細細分辨。感情本來就是一種混合物，不能也不必去分析的。「人事有代謝，往來成古今。」中華郵政創立已七十年，鑑衡先生卻服務了其中的四十四年，這一輩的郵人中，有的還不止此數，可說我國一部現代郵政史，他們都親歷或耳聞，將來如果修訂郵史，甚望這一輩的郵人能多所貢獻，尤其是鑑衡先生，希望他底郵政分類專史，能陸續完成，早日和我們相見。

今日郵政社編者要我寫下一點有關鑑衡先生的事，我以所知不多，且這類文字十分難以著筆，難以得體，不敢應命，但固辭不獲，衹好勉爲嘗試，就我所知拉雜記述如上，以博鑑衡先生一笑。

五十五年三月二十日郵人天地九九期

谷春藩先生

在二十年代，筆者尚在中學求學時，有一本雜誌，叫：「中學生」，是開明書店所發行，其中作者，多爲夏丏尊、豐子愷等人。這本雜誌，內容相當豐富，是一本夠水準的雜誌，一般人亦可閱讀，我是其忠實讀者之一。

在這本雜誌中，我曾不止一次讀到谷春帆先生的大作，不覺心嚮往之。進入郵政後，得知春帆先生，原來是我們的同行，更增加了對他的欽仰。

三十二年九月，我自浙江奉調重慶黃桷埡郵政總局，在此以前，在浙區時，看的都是在浙江發行的東南日報，到了重慶，自然要看大公報了。這是在重慶發行的全國性大報，而且負有盛名，爲各報之冠，特別是它的社論，擲地作金聲，有極大的影響力，眞正的代表了輿論，導引了輿論，充分發揮了輿論的力量。連帶的它的專欄，自也是極富吸引力，執筆者皆一時俊彥。

那時大公報每週有一專欄，記憶中似是叫「星期論文」之類，每週一次，每次一篇，文長約在五千字左右，刊於該報顯著地位。春帆先生經常有文章在該欄發表，這段時期，是我讀他的大作最多的時候。

那時他已是郵政總局的高級人員，筆者雖也在總局，但相距過遠，沒有甚麼接觸的機會，祇是聽到同事們談起他的一些軼事。

原來他早先是在上海管理局，任職於Commissioner Secretary's Office，由於與上峰不甚融洽，被「充軍」到河南一小地方－南陽當局長。由於地方小，業務清淡，空餘時間較多，乃倩友人在滬上購寄經濟方面書籍，潛心自習，終有所成。那時我國使用銀元，而國際間白銀價格並不穩定，我國貨幣市場，深受影響。春帆先生乃就此一問題，就其研究所得，擬以中文寫一專書，書名叫「銀之發炎」，後接受友人建議，改以英文撰述，交由上海一家外商書店出版，書成問世後，遂奠定了他在財經方面學術上的地位。

抗戰期間，孔祥熙氏率領一個代表團代表我國出席一項金融方面的某一國際會議，其間國際友人曾詢問孔氏：貴國有位谷博士，係財經專家，怎麼此次沒有參加貴代表團？據說孔氏回國後乃到處打聽這位谷博士，始悉即谷春帆先生，於是在下次會議時，乃邀請谷氏擔任代表團顧問，參加會議。

抗戰勝利後谷氏奉派擔任上海市財政局長，抵滬後曾往上海郵政管理局，探望老同事，對老同事們多年來在敵人佔領下堅忍支撐、生活困苦，備致慰問。谷氏的誠懇、親切，給人一極深的印象。

谷氏蘇州人，在局中使用的名字是「春藩」，在外則用「春帆」，似是桃塢小學畢業，其正式學歷，僅此而已。彭善承氏在「復興關懷念集」中有「谷春帆自修二十五年」一文，對谷氏求學經過，記述甚詳，全文如下：

「我奉調參加中訓團黨政高級班第二期受訓，報到之日，谷春帆同學在我前面，見其履歷表上學歷一欄，塡爲『自修二十五年』，頗以爲怪。因係初見，未便即詢其詳。谷同學時任郵政總局副總局長，稱財經專家，常在大公報社論發表財經金融論文，頗負盛名，乃竟無正式學歷，心甚異之。嗣因同居一室，交談之下，先即詢其所塡『自修二十五年』學歷之原因及意義。據告，彼乃高小畢業，即入郵政局作練習生，從未進過中學大學，更未出國留學，所獲知識，全賴小學以後至今之二十五年自修功夫。我更困惑於其財經金融等專門知識何能自修而得，於是乃詢及財經金融等專門學識，非經教導學習，難於理解，何能自修而了然？彼即詳告其經過謂：當初自修，開始唸經濟學，當時尙無譯本，乃爲英文原著，以其高小之英文程度和知識水準與夫自己之理解能力，當然是完全不懂。但是自己興趣極濃，求知甚切，毫不氣餒。一看再看三看，一天兩天三天，一月兩月三月，甚至一年兩年三年，不斷的唸，不斷的看，總是不肯灰心、不肯放棄。有一天，突然獲得一點靈感，了然於著作的原理，於是欣喜若狂，興趣大增，從此以後，幾乎看任何有關書籍，幾無阻礙而無所不通。這是他二十五年不斷自修所得的結果。谷同學在受訓期間，即被徵調爲當時行政院孔祥熙院長所率領赴英參加一個什麼大典特使團的財經顧問，並就便參加一個在倫敦舉行的國際財經會議，直至我們的結業典禮，他都未能趕回參加。

從谷同學的解說，使我獲得兩個感想：㈠孔聖人所說的『一旦豁然貫通』，不是隨便說的，必有其經驗事實的根據；㈡任何事任何學問，只要是專心一致，努力不懈，終必有成。這是我在高級班第二期獲得印象最深的一個故事。」

谷氏可說是一位苦學成功的典範，其實他不僅具有財經方面的專長，中、英文尤具根柢。中文文筆流暢，自不必說，也擅舊體詩。英文方面，薛聘老曾有一次談起，說他思路敏捷，一件公文，放置打字機旁，可以一面看，一面即以打字機打出其英譯。筆者甚喜其不論是財經專文，或一般的記敘，皆以近乎散文的筆調抒寫，使人讀來富有意味。谷氏可說是一位郵人，更是一位學者。其在學術方面的造詣，且早已遠遠超越其對郵政的貢獻。

抗戰期間，谷氏原帶領業務處汽車、機務兩課，駐在貴陽，辦理當時新興的郵政汽車業務。嗣於三十二年十一月遷來重慶黃桷埡，與總局合併一處。偶於上下班時得見其人，是一修長個兒，見人常帶微笑，甚是和善。

筆者見到一本民國二十五年六月版的交通部職員錄，其時谷氏在業務處，職銜是署副郵務長，年三十五歲，依此推算，谷氏應係於民前十年出生。數年前聽說已在大陸逝世。

大陸變色，京、滬相繼易手，谷氏與郵政總局多數同仁均留在上海，未及撤出。當時劉澄老率同總局西南郵務視導團人員，已抵廣州，正準備撤遷來台。由於澄老與谷氏友善，某日，得渠一親筆函，勸其不如歸去，不必再遠行了。澄老正疑慮間，旋有一人自香港來，云受谷氏之託，恐澄老受該函誤導，特前來面告，視導團行止仍請澄老自行決定，勿受該函影響云。可見當時谷氏之函當係在某種壓力下所不得不寫，已不能自主了。而谷氏在此環境下，仍設法待人以誠，友誼深厚，眞情可感。

哲人已遐，謹以此短文，敬表對前賢景仰之忱。

七十八年五月三十一日郵人天地二三二期

追思郵政大老劉澄瀚先生

十月二十四日，旅居新州，晚飯後不久，電話鈴響，是臺北家中打來的，告知一個很不幸的消息，即澄老逝世。其後又告知尚有餘溫，在北醫醫院急救中，但年歲已高，二小時後，終於不治。

澄老是當今郵政界僅存的一位耆宿，一位元老，他的逝世，可說是代表郵政一個時代的終了。逝者如斯，哲人已去。令人追思無盡，懷念無窮。

我之私淑澄老，始自民國二十幾年閱讀他的大作：「郵政法總論」，而見到他的風範，則在民國三十二、三年間重慶黃桷埡的郵政總局。那時他家住黃桷埡郵政總局眷區宿舍，而其本人則在重慶上清寺交通部上班，在人事處擔任幫辦，每值週日，常見他抱著孩子在總局對面的田畦間散步。

勝利後遷返南京，澄老自甘寧青郵政管理局局長調任總局聯郵處處長，其後又調任人事室主任，筆者是時亦在人事室第四課工作，澄老是我們的長官。由於筆者在「現代郵政」月刊上一篇有關郵政人事紀錄的建議，引起他的注意，因此得以親聆教誨。那年，我與內子結婚，也蒙澄老欣然福證，當時我們的新房在建業邨，而禮堂則在勵志社，澄老致詞，長於就地取材，即以勵志，建業二詞，加以引申，當時情景，記憶猶在，已是四十多年前的往事了。其後三小兒光敏在台北結婚，我特請澄老爲其福證，相距三十餘年，父子同由一人證婚，也可說是一佳話。

不久，京畿告急，一般同仁，多有抱殘守闕心理，不願遠離。澄老獨報請設立西南郵務視導團，並親自率領，前往廣州，筆者適奉調臺灣，未能追隨。其後京、滬失守，視導團乃成爲事實上之郵政總局，繼續指揮西南各郵區。

約在三十八年間，視導團遷來臺灣，舊日同事又幸得在臺北相聚，那時筆者家住東門町，承澄老夫婦枉駕探視，異地重逢，倍感親切。其後，我家遷居永康街，澄老亦住永康街，近在咫尺，澄老夫人亦與內子熟識，兩家因此時相往來，這眞是一段值得記憶的日子。澄老的幼子劉江與筆者的長子光曄年齡相若，常在一起嬉戲，因都在稚齡，十分頑皮，新春元旦，大人尙未起床，孩子們即將爆竹引燃，丟入門首信箱內，轟然巨響，箱門玻璃幾乎破裂。劉江現已成爲旅美學人，談及往事，猶不禁莞爾。

總局來臺初期，一切未定，當時郵政經濟，極度困難；郵電合設，又與原有制度不合。

於是一方面進行郵電分設，恢復原有建制；一方面精簡人手，開拓業務。這段艱難時期，終於安穩度過，爲日後的發展，奠定了良好的基石。中華郵政，得以在臺灣傳承，而有今日的發展，澄老的運籌帷帷，實是最大的功臣。

澄老畢生服務郵政，熱愛郵政，嘗以老友郵政總局前副局長沈養義以郵爲家，孜孜矻矻，一片忠誠，戲稱其爲：吃「郵」教的。其實澄老本人，何嘗不是吃「郵」教的。他對於維護郵政的制度，可說是不遺餘力，尤其是對郵政人事制度的維護，眞是竭盡所能。不僅是「維護」而已，並且加以「宣揚」、「推廣」，今日交通從業人員的人事制度，即吸收了郵政的精神，可爲例證。

澄老精於法學，是一位法學專家，其守法的精神，從一些日常小事即可看出，値得敬佩。但卻不泥於法，在其任總局人事室主任時，上海郵務工會一位重要人士某日自滬專程來京，質問澄老說：「你辦事到底是『秉公』還是『秉私』？」澄老不慌不忙，正色答曰：公家有規定的，一定遵照辦理，絕不徇私；公家沒有規定，可左可右的，參照人情辦理。」（以上大意如此）這位人士，祇好默然而退。澄老對人非常友善，雖辦公室中，極少見到他疾言厲色，發脾氣。他不是一位法家，而是一位和煦的長者，是一位富有親和力的長者，與他談話，孜孜不倦，令人有如沐春風之感。

澄老著作等身，早歲起草郵政法，爲國內公用事業有專法之始，更著有「郵政法總論」一書，沿用至今。來臺後兼任交通部參事，鑽研交通各法，著作更富，故不僅爲郵政法專家，亦爲交通各法之專家。前歲澄老九十大慶，郵政博物館曾將其散見各處之論述，輯爲專集，筆者亦忝列其事，惟書成時筆者正羈旅海外，未能始終其事，及今思之，極爲愧疚。

澄老氣度恢宏，眞是「有容乃大」，俗話所謂「看得開」，是一般人所不易做到的。他原住永康街，房舍較寬大，地點也適中。後因公家配售合建，澄老無此財力，祇好遷到吳興街，地點較偏僻，面積亦較小。以其在郵政貢獻如此之大，地位如此崇高，對此既無怨懟，亦無異言，其涵養、其度量，實非一般人所能及。

自澄老遷居吳興街後，因距離較遠，較少往還。前幾年澄老體健時，還常去退休人員聯誼會，我則不常去，故每次遇到時，他總要問我忙些什麼，爲何不常去會？親切的語氣，令我難忘。直到去年，我們幾個舊屬，還常陪他吃吃小館子，飯後打幾圈小麻將，甚是愉快。其後，由於氣喘，才使他健康狀況日漸下坡。

今年初春節，原要去向澄老拜年，因天氣不佳，一再拖延，直到天氣放晴，又因他家臨時電話發生障礙，未能聯絡上，致未去成。後我又因病住院，出院後休養經月，來美前原決定去探望他老人家，終因事忙而未果。原擬十月時返台，又因事一再延期，而致永隔，內心歉疚，將永遠無法補償。

接到澄老去世的消息，想到他老人家平日的音容笑貌，隨和可親的神情，心中迴盪，不能自已。敬撰一聯，聊表追思：

領西南風騷，斬棘披荊，建台郵基業；
創郵政法學，鴻儒碩見，顧遺教長存。

這付短聯及這篇短文，實不能盡澄老於萬一，祇不過是略表個人的追思與歉疚而已！

（八一、十、二十九日燈下於新州旅次）

原載八十二年一月三十一日郵人天地二七五期

郵政百年憶前賢

——記乍配林

乍配林A. M. Chapelain（全名Auguste Marie Chapelain），法籍，光緒三十一年（一九〇五）三月入局（按是時郵政尚未脫離海關，故入局其實即是進入海關）。

抗戰時氏任上海郵政管理局局長，二十六年十一月，我軍自滬撤退，上海租界，遂成了這一片戰火中的孤島，但由於它的地理位置和特殊的關係，孤島反倒成了後方與淪陷區的中繼站。位於公共租界的上海管理局，不僅沒有遭受到戰火的波及，並且成了附近遭逢戰火各局的避難所。

其後，淪陷區日益擴大，我政府依據郵政總局的層呈建議，決定陷區郵務仍應設法繼續維持。因戰火撤退的陷區郵局，在當地戰事平息後，遂透過上海管理局，經由其協助，返回原地，恢復局務。

以筆者的親身經歷爲例，那時我在江西郵區的九江郵局，九江是在二十七年七月二十三日淪陷，我隨局撤往南昌，而後又遷吉安，約在二三個月後，積存郵件清理完畢，遂經溫州搭輪至上海，暫在滬管局四樓辦公，停留一短時期後，經滬管局洽妥，並派日文郵務員周博淵隨同協助，自滬搭輪返回九江，恢復局務。同輪也回去恢復局務的，還有由安徽郵務長徐蘭生所率領的一批皖管局同仁，他們是在安慶下船。

他如江蘇管理局、浙江管理局等，也都是在戰火逼近時，撤往上海，而後在滬管局協助下，回南京、杭州恢復局務的。

維持陷區郵務，不僅使我身陷淪陷區的同胞，得以與後方的親友保持聯繫，且也在經濟上給予大後方郵政莫大的助益。在越南未淪陷前，陷區各局盈餘經由滬管局接濟後方款項，每月約一百萬元，貼補後方郵政之虧損，而陷區郵政自身仍保有盈餘五十萬元。同時：上海等地收寄之包裹，可以大量經越南運至後方，不但增加郵政收入，且可吸收陷區物資，以補後方之不足。陷區各郵局，雖在敵人佔領區內，卻仍透過上海管理局與遠在大後方的郵政總局保持聯繫，照常接受總局的命令，直至太平洋戰事發生，局勢方告轉變。這可說眞是一個奇蹟，是從九一八維持東北郵務十個月後，郵政史上的又一奇蹟。而當時在上海總掌兵符，負執行之責的，便是任滬管局局長的乍配林。

汪僞組織籌備在南京成立時，有意於僞中央政府下，設立僞郵政總局，乍氏獲知此項消息，並覓得僞總局及僞儲滙局組織法草案，立即於二十八年七月八日電報時在昆明的總局，建議請由華盛頓會議簽約國英、美、法大使出面干涉。渠本人並面謁法大使，允與巴黎、倫敦、華盛頓三處洽商，以強制手段，應付日方。必要時將予暗示：上海郵局員工屆時將罷工以爲抵制。此一擬議，其後因無需要，並未實施，但乍氏之機警與忠誠可以概見。

由於陷區的擴大，上海管理局的地位日益重要，爲便於指揮，總局於二十七年三月二十三日派乍配林爲滬、浙、蘇、皖聯區總視察，在總局直接指揮之下，就近監督這四區的郵務。廣州失陷後，淪陷區與後方交通阻滯，總局因於二十八年二月八日在上海設立郵政總局駐滬辦事處，派乍氏代理主任，凡長江以南淪陷各郵區有急待解決的問題，不及向總局請示時，可商承該處辦理。嗣復於次年十月一日，加派乍氏爲郵政總局額外副局長，仍兼管理局局長，駐滬辦事處主任。

太平洋戰起（三十年十二月），一切頓形改觀，長江一帶陷區各局，過去有盈餘者，都一變而爲虧損，轉而賴後方撥款維持。郵件往來，僅以信函、明信片爲限，包裹、小包，以運輸困難，且敵僞管制物資甚嚴，業務已完全停頓。

人事方面，也有大幅度的改變，我方所派任的各管理局局長，敵僞都予以更換。而變動最大的，自然是總局駐滬辦事處了。三十二年六月二十二日，乍氏函報總局：十八日接僞組織方面令：該主任應予裁退，並解除本兼各職，派王偉生（原爲我方所派滬管局郵務幫辦兼總局駐滬辦事處第一科科長）接任管理局局長，李浩駒爲辦事處主任。職之主任職務，已於二十一日移交副主任日人高木正道暫代，至管理局局長職務，則定二十八日移交。

淪陷區各局與大後方郵政總局的臍帶，至此已被切斷。

十二月二十日，郵政總局撤銷其駐滬辦處，此時乍配林已病故。服務郵政，達三十八年，尤其是在上述抗戰期間，折衝於敵我之間，維持陷區郵務，幾達六年之久，爲中華郵政盡瘁盡忠，誠爲對日抗爭中，繼九一八事變巴立地之後，我郵所最倚畀之客卿。

八十五年十一月今日郵政四六七期

好友近仁兄

我執筆爲此文時，近仁兄（郵政總局副局長兼郵政儲金匯業局局長胡全木）已確定將於三月一日退休，當遠處海外的一些郵政先進們聽到這一消息時，還以爲是弄錯了，因爲在他們眼中的近仁兄，還是一位「青年才俊」，打羽毛球、跳土風舞的「小伙子」，怎的一眨眼便要退休了呢？不要說先進們會吃了一驚，即連筆者最初也難以相信，然而事實如此，筆者個人退休也已四年了，江湖子弟催人老，紅粉佳人白髮多，歲月易得，能不令人感嘆？

我與近仁兄雖在臺灣相識，但淵源卻可追溯到抗戰期間的浙江郵區，那時日寇進犯麗水，浙江郵區辦事處遠遷蓋竹，這是一個群山環繞的小村鎮，連地圖上也找不出它的名字，屬龍泉縣，地處縣治的西南近福建處，我們在那兒大約待了一二年。那年，筆者西調重慶總局，近仁兄也在那時入局，由於蓋竹紙是一個小村鎮，驟然遷來了那麼多人，一時難以容納，覓居不易，我走後留下的一小間房屋，即由近仁兄繼續租居。那時我們雖然「緣鏗一面」，但卻結了這麼一點點小「緣」。此事我原本不知，這是以後在臺時近仁兄不止一次親口向我述及的，當年往事，每一提及，總是津津樂道，回味無窮。

提到蓋竹，那段辰光，眞令我們神往，它雖祇是一個小村落，而且交通不便，步行約摸要幾十分鐘方能到達浙閩公路上。但一進入其中，便如世外桃源，渾忘人間紛擾。村中自然沒有甚麼娛樂，但我們年青人卻三五相聚，漫步隴畝間，有時也引吭高歌，更有人擅拉南胡，其音嫋繞，動人幽思。在如此簡陋的物質條件下，我們還演過話劇，有如唱草台戲，今日想來，眞是不可思議。那時我們都入局未久，新入局的同事，女孩子似乎不少，我們雖在一起，但卻不知道去接近她們，眞是不折不扣的「大笨牛」！

來臺以後，我與近仁兄熟識的開始是在教育部歐洲語文中心修習法文的那段時間。原來法文是郵政國際間使用的法定語文，在我郵未退出萬國郵盟以前，國際郵政公署寄來的正式公文以及各種書刊，都以法文爲主。因此，作爲一個郵政人員，法文可說是必要的語文工具之一，也因此我們竟不約而同的考進了這所語文中心，利用下班後晚上的時間，修習法文，這已是二十年前的往事了。記得我們一下班便急急趕往羅斯福路臺大（中心係借用臺大教室上課），那時臺大傅園沿羅斯福路一邊全是小吃店，我們便同在其間吃一碗牛肉麵或吃一些包餃，而後又匆匆地趕赴教室，興味盎然地上法文課。近仁兄與我同班，係該中心的法文進修班第三期。

我們修習法文，並沒有白費。原來萬國郵盟國際郵政公署發行有一全球性的郵政月刊，名叫 UNION POSTALE，中譯爲聯郵月刊。其中共使用七種文字，以法文爲主，其他文字，則由法文迻譯而來，中文亦爲其中之一，但中文係由公署就地覓人翻譯，譯文欠佳，甚至文意不明，令人無法卒讀。其後經我郵與公署商洽，改將法文原稿寄臺北我郵負責譯妥再寄回公署刊行。翻譯工作，由當時的視察長邱信亮先生主持，執筆分擔翻譯事務的約有近十位同事，近仁兄與我亦得廁身其中，略盡棉薄，實爲始料所未及。

在我國未退出聯合國前，近仁兄曾被聯合國選派前赴法國研習郵政，爲時半年，後因法國與我無邦交，無法獲得簽證，乃改赴比利時。比利時與法國同爲法語國家，且爲緊鄰，其郵政事務，亦辦得甚爲出色。近仁兄在那裏研習完畢，並訪問歐陸各國，返臺後曾撰擬報告一冊，洋洋灑灑，可說是中華郵政遷臺後一本空前的以法文撰寫的報告，今後恐也難有後繼者了。這本報告，我至今尚保有一冊，以爲我們學習法文的紀念。

筆者與近仁兄在總局共事多年，其間並同在秘書室工作一極短時期，此後他即奉派接長集郵中心，爲時甚久，在他任內，集郵中心，可說是有聲有色，這幾年我郵所辦的大規模郵展，他是無役不與，且扮演重要的角色，也因此結識了不少的郵友，可謂相交遍天下。去年聖誕，我到他辦公室，他的辦公室有兩間，一在總局，一在儲匯局，兩邊的窗台或桌几上，都擺滿了各地寄來的聖誕卡，林林總總，蔚爲大觀，可見他的郵友之多，晏星兄譽其爲「郵壇人緣最佳」，洵屬的語。他自己也寫過「在集郵崗位上三千天的美好回憶」一文，可見他對集郵工作，至爲懷念。

近仁兄平易近人，甚爲隨和，因此局內同仁人緣亦甚佳。但他並非沒有自己的見解，重要處仍然自有分寸，並不苟同。這一點是筆者所深爲佩服的。

近仁兄除了在集郵方面，有出色的表現外，早年在郵件業務上，也曾盡過全力。那時他在臺灣郵政管理局郵務科服務，當時局長許季珂氏，創辦了很多新業務，在辦法規章的擬訂方面，近仁兄曾展露其才華，得到上峰的賞識，因此不次拔擢，升調郵政儲金匯業局，這段多年往事，記憶的人恐已不多了！

筆者於民國六十九年二月奉調供應處，當時近仁兄正在集郵中心，這兩個單位，關係至爲密切，那時他在集郵方面，已有多年豐富的經驗，郵友極多，每次來訪，都承他介紹與我認識，我才與集郵界的人士，有所接觸。我們的私交，固不必說，公務方面，也極爲融洽，合作愉快。那期間曾發行了幾套風格別具的郵票，如整齣的國劇郵票，中視公司曾爲此特別開了一個紀念會。如牛郎織女郵票，如古典詩詞郵票，在當時都造成高潮，普獲好評。七十一年五月間，我應瑞士哥瓦錫印刷廠之邀，前往考察，並便道訪問歐陸各國我集郵代理商，近仁兄以集郵中心主管身分，欣予支持，經報奉核准，並分函各集郵商知照，這兩個單位合作密切，無分畛域，可以概見。

近仁兄嫂夫人亦是我郵同仁，且是郵政高級人員，不讓近仁兄專美於前。嫂夫人待人熱誠好客，與平易近人的近仁兄更是一對最佳拍擋。

近仁兄喜好甚多，羽毛球、土風舞、書法等等，都爲他所愛好，以往亦曾打過網球，後來才轉入羽球。退休後希望他能從屋頂下走回太陽下，從燈光中步入陽光中，重拾網球拍，則我們可有更多的機會，在一起切磋了！

七十六年三月二十一日郵人天地二〇五期

郵人藝壇零落

——王孟瀟氏溘逝

郵政先進老同事王孟瀟先生住入郵政醫院，纏綿病榻已一年有餘，初爲肺部疾病，雖臥病在床，精神仍佳，迄四月間筆者前往探視時，病情已轉劇，足部亦有浮腫現象，至廿一日溘逝。

先生享年八十有九，書法著名於時，曾在國立歷史博物館、省立博物館展出，作品取漢魏碑刻，融入行草，樸拙飄逸，兼而有之，清靈脫俗，自成一家。歷史博物館有其行草集問世，而郵政家庭，客室幾多懸有先生手跡。

先生更富於史學，所著郵政史實多篇，皆發前人所未發，極爲珍貴而難得。而國學深厚，雅好吟咏，著有孟瀟詩集行世。綜觀先生，實具有我國文人傳統之風範。

先生遺體於四月廿八日在市立第二殯儀館火化，未發訃聞，家屬於五月三日上午在濟南路華嚴蓮社誦經悼念。